幸せな終活の第一歩

写真整理で
人生整理

大津たまみ
Otsu Tamami

写真
それは、あなたの記憶
写真
それは、家族の記録

手にすれば、ありし日の思い出がよみがり
そのときの声が、笑顔が、温もりが追体験できる——
あなたと、あなたが大切に想う人たちが生きてきた証し
それが写真です

そんな大切な写真を
手つかずのまま眠らせていませんか？
押し入れの奥や棚のなかにしまいっぱなしの写真に
もういちど光を当ててみましょう

あの日のあなた、あの日の時間
大切な人と過ごしてきたあのシーンを
写真整理を通じて、よみがえらせるのです

なぜなら……

そうすることで、
あなたのこれからの人生はもっと輝きだすからです！

生前整理の鍵は、写真にあり

さあ、これから私といっしょに
始めましょう！

はじめに

この本を手に取っていただき、誠にありがとうございます。

私はお掃除・お片づけ・生前整理のプロとして活動をさせていただいています大津たまみです。30年以上のキャリアがあり、これまでに1万件以上のお客様の家をキレイに整えるお手伝いをさせていただきました。

お伺いしたその家では、亡くなられた方がお持ちの荷物を整理する「遺品整理」も含まれます。その遺品整理を依頼してくる人の多くは、亡くなられた方のお子様たちです。

「どこから手をつけていいのか分からなくて……」「自分でしようと思って始めたものの手間がかかって進まない……」そんな切実な思いを抱きながらご相談をされるケースがほとんどです。

その遺品整理ですが、もっともご遺族が困る物は何だと思いますか？故人が残された物はいろいろありますが、じつは「写真」なんです。

大量に残された写真のうち、どれが故人にとって大切なものなのか、どのような時に撮影された写真で、どのような思い出がこめられているのか……、そういったことは本人にしか分かりません。捨てるに捨てられず、かと言って、大量の写真をそのまま保管するのも物心共に負担になり……といった具合で、写真の扱いに遺族の皆さまは頭を悩ませるのです。

なかには、親御さんの写真を処分してしまい、後になって、「あの写真だけは残しておくべきだった……」と強い罪悪感すら覚えるようになった人もいました。

こうした問題を解決する方法があります。それが「前向きな生前整理」です。親御さん自身がまだ元気なうちに、写真はもちろんですが、それ以外の物も整理しておきます。いえ、正確には物だけではありません。詳しくは後ほどお話ししますが、それは「物・心・情報」の整理をしておくことが不可欠だということです。

私が提唱する「生前整理」は、いわゆる一般的に言われている「終活」とは一線を画するものだと考えています。さらにそのメリットとして、大きく2つのことがあげられます。

まず1つめは、遺族に遺品整理という負担を与えずに済むことです。これまで数多くの現場を見てきた経験から言えることは、遺品整理の大変さはどれだけ強調しても足りないということです。遺品整理の当事者となった依頼者のみなさんは「自分の子どもには絶対にこんな苦労をさせたくない」と異口同音に語るほどです。

もう1つのメリットは、残されたこの先の人生がより充実したものになること。そして、毎日朝を迎えるのが楽しみになり、1日1日を心弾んだ気持ちで過ごせるようになるということです！

「本当にそんなことがあるの？」

と半信半疑の方が大勢いらっしゃるかも知れませんが、本当です。私はこれまで、前向きな生前整理のお手伝いを数多くさせていただきました。生前整理の実践の過程でビフォー・アフターを見てきた経験から胸を張って言える事実なのです。

しかも、その前向きな気持ちを生み出す源泉は、実は「写真」にあるのです！

この本を手に取っていただいた読者の皆さんは、「写真の整理も含めた生前整理が重要だ」ということに気付かれた素晴らしいセンスをお持ちの方です。

とは言え、実際に手をつけようとしたけれど、どこからスタートしていいのか分からないという人が大半です。でも、ご安心ください。

この本は、そんなあなたのために書かせていただきました。

「いつか始めよう」のいつかを「いま始める」のいまに変えていただくために、生前整理の考え方や実践方法、効果的なテクニックを余すことなく全力でお伝えしていきます。

ぜひ本書を通して生前整理の知識・ノウハウを学び取り、実践して下さい。

そして、生前整理を通して、希望にあふれた人生を手に入れてほしいと心から願っています。

さぁ！　前向きな生前整理をスタートさせるタイミングは今です！

大津たまみ

※なお本書には生前整理に役に立つ「情報の見える化のための【情報整理シート】がダウンロードできるＱＲコードも掲載しています。ぜひご活用下さい。

◆目次◆

第2章 思い出の物の片づけ方（物の整理法）

第3章　写真整理は生前整理の近道（心の整理法）

第4章 簡単な情報整理（情報の整理法）

第1章

ある家族の生前整理物語

～物・心・情報の整理で人生が変わった親子～

1 親子では片づけが進まない

口ゲンカの絶えない親子

「だから黙ってろって言ってんだろ！　いちいちうるせーんだよ！」
「親に向かって何て口の利き方するんだい！　言わなきゃ分からないから言ってやってるんだろ！」

某県某市。広い日本家屋を構え、近所からは旧家として知られる冬原家には80歳を過ぎた母の春江と50代の息子秋夫が2人で暮らしていた。春江は夫を早くに亡くし、女手一つで息子を育ててきたのだった。

しかし、この2人、口ゲンカが絶えない親子でもあった。ことあるごとに怒鳴りあい、罵り合う日常を過ごしていた。

そんな2人のここ最近のいがみあいの原因は「物の片づけ」だ。広い家屋とたくさんの部屋。その至る所に物があふれていた。足の踏み場もないほどの物・モノ・ＭＯＮＯ……。ゴミ屋敷とまでは言わないが、あまりに物が多いので息苦しくなるほどだった。

そのため片づけを始めることにしたのだが、一向にはかどることがなかった。理由は簡単。物が捨てられないからだ。

秋夫は春江の持ち物を「こんなのいらないだろ」と捨てようとするが、春江は「大事な物だから」「思い出の物だから」「いつか使う物だから」とその手を押しとどめて頑なに拒否をする。

一方の秋夫は読書が趣味。次から次に買い求めてくる本を捨てることができない。春江にしてみれば「本が好きなのは結構なことだけど、一度読んだらさっさと古本屋にでも売

ればいいのに」ということになる。それでなくても本は場所を取るのだから……。

物が片づかないのは相手のせいだと互いに思っている2人。そのことでイライラし、怒鳴り合うというのがここ最近の冬原家のパターンなのだった。

このままでは埒があかない、と思った秋夫は片づけのプロに依頼をすることにした。専門家なら、きっとこの状態を何とかしてくれるに違いない。

「片づけ＝捨てる」では、前に進めない

いろいろと調べた結果、秋夫は「生前整理アドバイザー」という専門家に頼んでみることにした。何でも「物・心・情報」の整理を通して、人生をより良いものとするお手伝いをするとのことだ。

「片づけがどうして人生をより良くすることにつながるんだ？」

秋夫は首を傾げたが、心の片隅で「もしそれが叶うなら」との思いもあり、依頼をすることにしたのだった。

その数日後。冬原家を1人の女性が訪ねてきた。

「こんにちは！　生前整理アドバイザーの夏木です！」

赤いエプロンを着けた笑顔が印象的な女性だった。

早速、冬原家の屋敷に上がり込んだ夏木だったが、足の踏み場もない部屋を見ても特に驚いた様子は見せなかった。きっとこういう現場は見慣れているんだろうな、と秋夫は思った。

「本当に散らかってるでしょ？　こんな状態をお見せするなんて恥ずかしいわ」

言わなくてもいい事を口にする春江に秋夫は思わずカッとする。

「黙ってろよ！　恥ずかしいなら最初から自分で片づけたらいいだろっ！」

「じゃあ、お前は恥ずかしくないのかい!?　そんなことだから物が片づかないんだよっ！」

「何だと！」

「うるさいよ！」

夏木の目の前で口ゲンカを始める二人。しかし夏木は動じることなく、そんな２人にニコリと笑顔を向けると話しはじめた。

「物が片づかないのには理由があります。そもそもお二人は出発点が間違っているんですよ！」

「えっ……出発点が」

「間違ってる？」

秋夫と春江は思わずきょとんとする。片づけに「出発点」などあるのか、という戸惑いだった。

「お二人は物の片づけを〝捨てる〟ことから始めようとしていませんか？　まずはそこから考えを変えていきましょう！」

夏木によると「片づけ＝捨てる」という考えを持っていると、片づけはなかなか前に進まないという。もし進んだとしても、後で悔いの残る片づけになってしまう可能性が高いとのことだった。

「なぜなら、物には多かれ少なかれ〝思い出〟が関わっているからです。思い出のある物はどうしても捨てにくいですし、そんなことじゃダメだと思って勢いで捨ててしまえば取り返しがつかなくなるので後悔することになるんです」

その言葉を聞いて秋夫も春江も思わず「なるほど」とうなずいていた。

「でも、それじゃ片づけは進まないんじゃないですか？」

秋夫の質問に夏木はニッコリと笑顔を返す。

「今までお二人は、いるかいらないかの2分類で物の片づけをしてきました。そこで、この片づけ方ではない〝4分類仕分け法〟を使えば、片づけはグングン進んでいくんですよ！」

「4分類？」

「仕分け法？」

またも、きょとんとした表情で、顔を見合わせる秋夫と春江。

その二人に夏木は「4分類仕分け法」について詳しく説明し始めた。簡単に言えば、物を【いる】【いらない】【迷い】【移動】に分類していくというものだ。

夏木のアドバイスにしたがって、秋夫と春江は片づけに再チャレンジするのだった……。

※「4分類仕分け法」については第2章で詳しく説明しています。

2

マイベストショットアルバムって何だ？

写真を片づけると人生が劇的に変わる⁉

夏木のアドバイスを受けた数日後。

秋夫は驚いていた。それまで遅々として進まなかった物の片づけが、まるで魔法にでもかかったかのようにグングン進んでいったからだ。

母の春江にしてもそうだった。年齢のせいか、秋夫よりは幾分もたついているようだったが、それでも以前に比べると段違いに進んでいた。

（4分類仕分け法、恐るべし！）

その効果の大きさに驚く秋夫だったが、まだまだ片づけるべき物は残っていた。その最大級のものが……。

「はい！　物の片づけが進んだなら、次は写真の片づけをしましょう！　じつは写真の片づけは心の整理につながるんですよ！」

再び冬原家を訪れた生前整理アドバイザーの夏木は、秋夫と春江を前にしていつもの元気いっぱいの笑顔を浮かべた。

「写真か……。写真って、面倒ですよね」

正直、秋夫は写真の整理には乗り気ではなかった。ものすごく手間と時間がかかる……、そんな印象が強かったのだ。始める前から疲れてしまいそうだ。

だからと言って、捨てることもできない。以前、夏木が言ったように、物は多かれ少なかれ思い出とつながっている。なかでも写真はその最たるものだ。どうせ捨てることができないのなら、手つかずのままでもいいではないか、手間や時間を取られることもないし……と、それが秋夫の本音だったのだ。しかし夏木は写真整理の重要性を強調した。

「確かに写真の片づけは面倒です。でも、だからこそしなければならないんです。それに、写真整理をすると、人生が劇的に変わるんですよ。その大切な機会を逃さないで下さい！」

（写真を片づけると人生が劇的に変わる？　そんな話、聞いたことがないぞ）

ひそかに首をひねる秋夫だった。

自分が輝いている写真を厳選していく

どこの家庭でもそうだろうが、冬原家でも大量の写真が残されていた。そのほとんどが紙焼きの写真で、昔ながらのアルバムに収められている。

夏木はまず、家中に散らばっているすべての写真を1か所に集めるようにと言った。そこで秋夫と春江があちこちの部屋から写真を集めてくると、ちょっとした山になるほどだった。

その大量の写真の前で夏木は写真の整理法について説明した。

それによると、「自分が写っていない写真や一緒に写っている相手が誰なのか分からないような写真はどんどん省いていきましょう」とのことだった。自分が輝いていると思えるシーンのある写真を厳選していくという方法らしい。

そしてそのあと夏木はこう付け加えた。

「最終的には、それぞれの〝マイベストシヨットアルバム〟をつくっていただきます!」

「マイベスト」「ショットアルバム?」

秋夫と春江は声を合わせてそう言った。なんだ、それは。初めて聞く言葉だ……。

思わず戸惑いを秋夫は覚えた。春江も同じような表情を浮かべている。

「はい、写真を片づけることで作成できるマイベストショットアルバムです。人生が劇的に変わるのは、このマイベストショットアルバムを作るからなんです！」

自信満々に答える夏木。その笑顔をまぶしそうに見ながら秋夫は思った。

「これまで全然進まなかった片づけが、夏木さんの言うとおりにすることでスイスイと進むようになった。だからここは信じてもいいんじゃないか」

秋夫はそう決断して、夏木から教えられた内容にしたがって写真の整理をしていくことにした。春江も同じ気持ちらしく、山盛りになった写真に手をのばしていた。

※「マイベストショットアルバム」については第3章で詳しく説明しています。

3

1枚の写真から浮かびあがってきた物語

「2位だ！　がんばった！」にこめられた思い

自分が写っている写真の整理を進めるうちに秋夫はあることに気づいた。

「おれの写真って、けっこう多くないか？」

小さい頃からの秋夫の写真は当初思っていたよりもずっと多く、日常のちょっとしたシーンをとらえた写真も少なくなかった。

デジカメやスマートフォンが普及して気軽に写真が撮れる現代とは違い、昔の写真はお金がかかった。フィルムを購入しなければならなかったし、撮影を終えたあとは現像に出さなければ写真として見ることもできなかったのだ。

それなのに、まるでそんなお金のことはたいしたことがない、とでも言うように、秋夫のありし日の姿がさまざまなシーンとともに写真に残されていたのだ。

そのなかには、運動会の徒競走で2位になって得意げにピースサインをしている1枚もあった。

「1位ならともかく2位で喜んでたのかよ」

思わず苦笑する秋夫の目が、写真に添えられた母の手書きのコメントをとらえる。そこには、「2位！　がんばった！」と踊るような字で喜びの気持ちが書かれていた。そんなに喜ぶことかねえ、と秋夫は鼻を鳴らした。

通知表を手にして得意げな顔をしている写真もあった。

「そうそう。おれって勉強だけはできたんだよなぁ」

秋夫の勤務先は公立の教育機関。そこで公務員として働いている。狭き門を突破して手にした就職先だった。これも勉強が得意だったおかげだ。しかし、秋夫は次の瞬間自分の言葉にハッとした。

「そうだった。おれは成績は良かったけど、体が弱くて運動はさっぱりだったんだよなぁ」

そのことを思い出し、さっきの運動会の写真を再び手に取る。「2位！　がんばった！」という母の言葉には特別な思いが込められていることに秋夫は気がついた。

体が弱く、運動をしてもすぐに息切れしてしまう秋夫にとって徒競走2位という結果は奇跡のようなものだったのだ。そのことを母は心から喜んでくれていたのだ……。秋夫の胸の奥に小さな温もりが生まれた。

記憶にない写真に写っていたものは……

さらに写真整理を進めていくと、今では記憶にない写真が続々と出てきた。なんと、そこに写っているのは病室のベッドで過ごしている幼い頃の自分の姿だった。写真の様子から入院していることは明らかだった。

「この写真、何なんだよ。記憶にないんだけど」

春江に見せると「ああ、残ってたんだね。懐かしいねぇ」と感慨深そうな表情を浮かべた。

「お前は小さい頃に病気をしてね。半年ほど入院してたことがあるんだよ」

「半年もかよ⁉」

「そうだよ。見ているだけで辛かったけど、でも無事に退院できて良かったよ」

つい最近の出来事のように春江は言い、自分の写真整理へと戻っていった。

秋夫は改めて入院時代の写真を見る。そこには、やはり母の直筆のコメントが添えられていた。

「秋夫が痛くありませんように」

「私が代わってあげたいよ」

「早く治りますように。元気な秋夫になってくれますように」

言葉は拙いが、そこには確かな母親の愛がにじみ出ていた。いまさらながらに秋夫はそのことに気づいた。

母親に対して素直な態度が取れなくなったのはいつ頃からだろう……。

心の奥底に押し隠していたコンプレックス

秋夫が公務員となって久しい。言うまでもなく公務員は一般的に安定した職業であり、経済的にも不自由を感じたことがない。年金もきちんともらえるため、退職後の生活も心配いらない。

周囲から見れば恵まれた境遇にあると言えるが、秋夫にはコンプレックスが1つあった。それは50代を迎えた今もまだ独身であることだ。秋夫はこれまで一度も結婚をしたことがなかったのだ。

独身主義を貫いていたわけではない。人並みに、いや人並み以上に婚活には力を入れてきた。結婚相手を見つけるために多額の費用もつぎ込んだ。しかし、秋夫の伴侶になると言ってくれる女性は現われなかった。

自分は「結婚ができない」

この事実は、男性としての自信を揺らがせるだけではなく、同時に母親に対して申し訳ないという思いも芽生えさせていた。

秋夫がもっと若い世代であればそんなこともなかったはずだ。だが、秋夫の世代では「結婚するのが当然。男は家庭を持って一人前」という価値観がやたらと強い。実際に秋夫の同級生たちは家庭を構えているし、職場でも50代で独身という男性は秋夫以外いない。

誰もができる当たり前のことを自分は成し遂げていない……。

母親に、孫の顔どころか嫁の顔すら見せることができない。その後ろめたさやコンプレックスがやり場のない苛立ちとなり、その矛先が母親に向かうようになっていたのだった。

早くに夫を亡くし、女手一つで幼い自分を育ててくれた母親に罵詈雑言を浴びせていた自分の「心の歪み」に秋夫は気づかざるを得なかった。

「おれは何にも親孝行ができてなかったんだな……」

今までの人生を活写するこれらの写真を整理することで、母親の強い愛情と自分のふがいなさを秋夫は痛感したのだった。

ところが……。

4

自分の人生を肯定的にとらえる

「あの子がいること自体が親孝行」

数日後。

写真整理の進捗状況を確認しに来た夏木に、秋夫は写真整理を通して気づいたことを正直に告げた。自分がいかに親不孝な行いをしてきたか、どれだけ母親を悲しませてきたか……。

秋夫の話を聞き終えた夏木は、あっさりとその言葉に首を横に振った。

「秋夫さん。それ、思い違いですよ」

「お、思い違いって、どうして。おれは親不孝ばっかりして。あれだけ大切にされてきたのに」

「大切にされてきたのは間違いないですよね。でも、親不孝は見当違いですよ」

「なんでそんなハッキリ言えるんだよ！」

「だってお母さま、こう言ってましたよ。息子がいるから私はがんばることができた。あの子は充分に親孝行をしてくれた。あの子がいること自体が親孝行だ。本当にありがたいって」

「……どういうことですか？」


夏木は、高齢の春江が一人で作業を進めるには負担が大きいからと、物の片づけや写真整理の際にはそばについて手伝っていた。その折りに、秋夫のことも話題に出たとのことだった。それがいま夏木が、告げた言葉だ。夏木はさらに言う。

「むしろ、お父さんを小さいころに亡くしたことで、あなたに辛い思いをさせたんじゃないかって、そのことを気に病んでいらっしゃいました」

「………。」

思いもよらない言葉に秋夫は黙り込んでしまった。母親がそんなことを気にしていたなんて。父親が亡くなったのは、何も母のせいではないのに……。

「だからせめて自分だけはできる限りそばにいてあげようと思っていたそうです。写真を見て気づきませんでしたか？　学校の行事、すべてお母さまが来ているんですよ」

「あ……。」

そう言われてみれば、そうだ。大量にある秋夫の写真。それを撮ったのは他の誰でもない、春江自身ではないか。仕事があるにも関わらず、学校の行事があると必ず駆けつけてくれていたのだ。それは決して容易なことではなかったであろう。


呆然としている秋夫に夏木はいつもの笑顔で明るく告げた。

「じゃあ来週また来ますから、写真の整理を進めておいて下さいね！　整理が済んだらいよいよ〝マイベストショットアルバム〟をつくりますよ！」

情報の整理にも自ら取り組むように

そして翌週。

秋夫と春江は夏木のアドバイスにしたがって「マイベストショットアルバム」を作成した。

マイベストショットアルバムは、自分の生涯の中で輝いている写真を30枚まで厳選し、時系列にまとめるというものだ。そこには自分の人生の輝きがギュッと凝縮されていた。

自分の人生を肯定的にとらえることができる素晴らしいアイテムだった。二人は何度も何度もマイベストショットアルバムのページを開いた。

そんな秋夫と春江に夏木は「亡くなったお父さまの分のもお二人でつくってみてはいかがでしょうか？」と提案し、二人は顔を合わせて「そうね」と素直に受け入れてくれた。

（確かにその通りだ、自分の父親の生きた証しも、しっかりと残しておかなくてはならない！）

……春江の意識が明らかに変わりだしたのは、マイベストショットアルバムを作成してからだった。

「自分が死んだあとに息子の手を煩わせるわけにはいかない」

と、「情報の整理」に自ら取り組むようになっていったのだ。

情報の整理とは、財産情報のとりまとめや葬儀についての準備などのこと。自分の仕事の事など本人が亡くなったあとに、手続きなどで困らないようにするための予防策と言っていい。

物の整理、心の整理と片づけを進めていくことで残りの人生を悔いなく生きようと考えるようになった春江は、生きているうちに自分のためにも、息子のためにもできることをしておこうと決めたのだった。

秋夫もまた同じ気持ちだった。自分には母親以外に家族がいないので、死後に財産を遺す相手がいない。それなら社会に役立つように使ってもらおうと、そのための手続きを調べ始めたのだった……。

※「情報の整理」については第4章で詳しく説明しています。

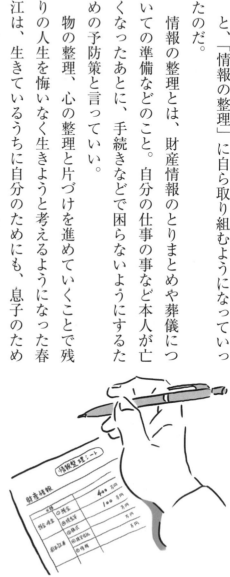

エピローグ

後日。

「あら、わぁ～楽しそう」

夏木のもとに一通の手紙が届いた。それは冬原秋夫からの手紙だった。なかには旅先で撮ったらしい秋夫と春江の笑顔の写真が同封されていた。あんなにいがみ合い、怒鳴りあっていた母と子は一緒に旅行を楽しむまでに仲を取り戻したようだ。

手紙には夏木に対する感謝の言葉とともに、これからの人生に関して希望に満ちあふれた言葉が綴られていた。

夏木は手紙を丁寧に折りたたみながら、ほっこりとした笑顔でうなずく。

二人が歩むこの先の人生は、きっと穏やか

で、そして温もりに包まれたものになるに違いない、そう確信した。

生前整理アドバイザーとしてお手伝いができてよかった。夏木は大好きなドーナツを口いっぱいにほおばりながら、「こちらこそありがとうございます」と感謝の気持ちで胸がいっぱいになっていた。

第2章

思い出の物の片づけ方
（物の整理法）

1

4分類仕分け法で、物の整理がどんどんはかどる！

桜のように鮮やかに

江戸時代の俳人・小林一茶の作品に「死に支度　いたせいたせと　桜かな」という句があります。桜の花はご存じのように、散り際が鮮やか。潔ささえ感じるほどにパッときれいに散っていきます。

一茶の句には、死に際にジタバタすることなく、桜のように潔く逝くためにちゃんと準備を整えておこう……とのメッセージが込められている気がします。

確かにそれは理想ではあるものの、やはり「死」を意識すると誰もが腰が引けてしまうのが人間というものです。一茶の句にある「死に支度」はいまや「終活」という言葉に取って変わられていますが、ここにも「終」というあまりポジティブではない語句が見られます。

ある調査では40代以上の男女の９割強が「終活」について知っていましたが、実際に手をつけている人は２割にとどまっていることが分かりました。

60歳以上を対象とした別の調査では「終活を始めたい」と思っている人は40パーセント。しかし実際に始めている人はほんのわずかという結果が出ています。

こうしたことからもわかるように、終活をしなければならないことは頭では理解していても実践できている人は少数派だという現実があります。

なぜ、そうなのか？　私は「死」や「終」という言葉が少なからず影響しているのでは……と考えています。どうしても「人生の幕引き」をイメージしてしまうことから二の足を踏んでしまうという人が多いのではないでしょうか。

私が「生前整理」という言葉を使うのは、一つにはそうした負のイメージを払拭したいからという思いを込めているためです。

私は生前整理を、残りの人生をより充実したものにする行為として位置づけています。これまで生きてきた人生をいったん整理することで、これからの人生をより輝くものにする、前向きに人生を送る……そう考えているのです。

その生前整理ですが「はじめに」でもふれたように、物・心・情報の順に進めていくことが大きなポイントになってくると考えています。それぞれのコツをつかんでしっかり実践すれば、人生の悔いは次第に減っていき、充実した日々を迎えることができるようになるのです。私の経験からも保証します。

この章ではまず、その物の片づけ法をお伝えしていくことにしましょう。

2分類で決めようとするから進まない

物の整理というと、多くの人が思い浮かべるのが「いらなくなった物を捨てる」ということではないでしょうか。

確かにそれは間違っていません。家のなかに物があふれていると、つまづいて転倒してしまう危険性があります。若いときなら転倒の可能性も低いのですが、歳をとればとるほど、その危険度は増していきます。

厚生労働省の調査によりますと、高齢者が介護を必要とするようになった原因としては、認知症・脳卒中・衰弱、この3つについで4番目に多いのが「骨折・転倒」という結果が出ています。その多くは階段、廊下、玄関など家のなかで起きているとのこと。

こういう場所に物があふれていると危険度が上がっていきます。大袈裟に聞こえるかも知れませんが、家庭内に罠が仕掛けられている……くらいの覚悟を持っていたほうがいいかも知れません。

そうなるとやはり「物は捨てるべき」と考えるのが自然の流れですね。ただ、そう簡単にいかないのも事実。というのも、物には思い出がともなっていることが多いからです。

この先の人生で使うことがないと明らかに分かっている物でも、思い出が詰まっている場合はそう簡単には捨てることが出来ません。

第一章の冬原さんの場合でも、お母さまはなかなか物を捨てることが出来ませんでした。皆さんにもどうしても手放せない物はないでしょうか？

例えば、ご主人が初めてくれた誕生日プレゼントや子どもが初任給で買ってくれたプレゼントなどがそれに該当するでしょう。

物が多いのはよくないことだからと、いざ捨てようとゴミ袋を片手に片づけをはじめてみたが、実際に物を手に取ってみたら、そこで動きが止まってしまうことは少なくありません。

それでもあえて目をつぶって「えいやっ!」と勢いで捨ててしまったとしましょう。十中八九、このパターンでは後悔することになります。実際に勢いで思い出の物を捨ててしまい唇を噛んでいる人を私はたくさん見てきました。

そして、そういう人はそのことが「トラウマ」となり、物が捨てられなくなるのです。物を捨てようとするたびにかつて味わった後悔がよみがえるわけですね。ダイエットのリバウンドのように、逆に物が増えていったという人もいます。

思い出の物を勢いで捨ててしまうことは、それほど怖いことだと認識してほしいと思います。

「片づけ=捨てる」

という公式では決して正解は導き出せません。このことはぜひ頭に入れておいて下さい。

「100か0か」ではない片づけ方

「片づけ＝捨てる」にとらわれていると、本来は残すべき思い出の詰まった物を捨ててしまうことになる……だからといって物には多かれ少なかれ思い出が関わっているので捨てられないとなれば、片づけができない……。

これは片づけにまつわる一種のジレンマです。

このジレンマを解決するにはどうすればいいでしょう？

それは従来の「いる・いらない」の2分類法から抜け出すことです！

「片づけ＝捨てる」という考えは、物を「いる」「いらない」の2通りで判断することに他なりません。

言い換えれば、オール・オア・ナッシング。「100か0か」の世界です。

この場合、シビアな選択を迫られることになるので、ついつい身構えてしまって後悔につながる片づけになってしまうというわけです。

この2分類法から抜け出すメソッドとして、私が考案したのが「4分類仕分け法」

です。

これは「いる」「いらない」に「迷い」「移動」という新たな選択肢をプラスするというもの。そのことで2分類法よりもずっとスムーズに物を片づけていくことができるようになるのです。

【いる】——いま使っていて、これからも使う物
【いらない】——いま使っていなくて、これからも使わない物
【迷い】——いま使っていないものの、「いらない」と決めかねる物
【移動】——場所を移動する物や思い出として残すと決めた物

それぞれの項目について、さらに詳しく説明していきましょう。

まずは【いる】に関してですが、現在使用していて、この先も使用し続けることが明らかな物はここに分類します。思い出が詰まっている物であっても現在の暮らしに必要ならば【いる】に分けて下さい。

例えば、記念日にプレゼントされたお気に入りのハンカチ。普段使っていて、この

先も使うようなら【いる】物です。

次に【いらない】ですが、いまは使っていないし、この先も使うことがないとハッキリしている物はここに分類します。

ただし、思い出にまつわる物となれば話は違ってきます。これまでもふれてきたように、簡単に捨てることはできないはずです。

ここで役立つのが新たな2つの選択肢【迷い】【移動】です！


まず【迷い】ですが、思い出として残すべき物か、それとも手放すべきかの判断がつかないときに用います。ハンカチを例にしてみましょう。

むかし仲のよかった友人からプレゼントされたハンカチ。いまは使っていませんが、思い出のアイテムとして残してきました。でももう、その友人とは音信不通になっていて、この先再会できるかどうかもわかりません。

ここで「手放しても心は痛まない」と思えば【いらない】に分類して下さい。「だけど彼女とは仲が良かったし……」と迷うのであれば【迷い】に分類しておきます。

このとき、【迷い】に分類するかどうかを決める時間は8秒がポイント。物を手にして思い出として残そうか、それとも手放そうかの判断が8秒たってもできない場合は【迷い】に入れておきます。

なぜ8秒なのか。

これは私がたくさんのお客様と片づけを進めてきたなかで確信した最適なタイミング。5秒だと短すぎて誤った決断をしかねませんし、10秒だと逆に長すぎて決断がにぶってしまうのです。

迷っている状態が続くと「決められない自分」に溜息をついてしまいがち。そうなると片づけのモチベーションも下がってしまいます。だから8秒たって結論が出なければ、それ以上は考えずに【迷い】に分類して下さい。

【迷い】は一時的な避難場所

実はこの【迷い】があるだけで、ずいぶんと気持ちはラクになるんです！

ここでぜひ知っておいていただきたいのは、迷いは迷いとして受け入れること。「決められない私ってなんてダメなの……」とは思わないことです。

片づけはランニングや筋トレと同じで、続けることで上達していきます。「基礎体力」がつくことでスムーズに前へ前へと進んでいけるようになるのです。たとえ最初はすぐに息切れしたとしても、じきになじんでいって迷う機会も減っていきます。

初日からフルマラソンを完走できる人なんていませんよね？　それと同じです。だから、大切なのは続けること。そのことで「私にもできる」という自信が芽生え、自己肯定感も育まれていきます。自分を肯定することは、これからの人生をしっかり歩んでいくなかではとても大切なことです。

4分類仕分け法の【迷い】は「後悔を減らすための一時的な避難場所」ととらえることもできます。

「いる・いらない」の2分類法だと迷ったときは「えいやっ！」で「いらない」にしてしまいがち。明らかに「いる」かといえば、そうではないし、だったら他に選択肢はないから「いらない」だ……、というロジックですね。

オール・オア・ナッシングの罠とも言えます。もしその「えいやっ！」の判断が間違っていたら取り返しがつきません。

4分類仕分け法は【迷い】があることで後悔も少なくなります。一種のセーフティネットの役割を果たすからです。

4分類仕分け法で片づけを進めていくと【迷い】に分類する物がたくさん出てくるはず。でも、そこは全然気にしないで下さい。山のように物が積まれてしまっても大丈夫です。

迷った物たちは透明な衣裳ケースや紙袋などにひとまとめにして入れ、半年後の日付を記しておいて下さい。そして半年たったら、もう一度チェックしてみます。

すると不思議なことが起きます。

「どうしてこれを残すかどうか迷ったんだろう?」

と首を傾げる物がたくさん出てくるのです。思い出の物として残す必要性が見いだせない物です。それらは本来【いらない】に分類されていたはずだった物ですから、手放していくことにしましょう。

どうしてこのようなことが起きるのかというと、時間が判断力を研ぎ澄ましてくれるからです。思い出として残さなくても問題がないと冷静に物を見ることができるようになるわけですね。他に、物に対する考え方が変わったり、執着心が薄くなったりするといったことも理由としてあげられます。

逆に、「これはやっぱり残しておきたい」と思える物も【迷い】に避難させておいた中から出てきます。こういう場合は大切に手元に置いておくことにします。

最後に【移動】ですが、これは場所の移動です。分類をしていくなかで、他の場所で使用している物は移動に入れてその場所に移動させてください。そして、この移動に入れて欲しいのが思い出の物です。

思い出箱に「思い出として残す」と決めた物を分類していきます。ルールは「いま使っていなくて思い出にまつわる物」です。思い出があって、しかもいま使っている物は【いる】に分類するんでしたね。

あとで詳しく説明しますが、いま使っている物を保存すると、また新たに同じ物を買わなければなりません。そうなると物が増えることになり、片づけの観点からすれば本末転倒になってしまいます。

実践！　4分類仕分け法

4分類仕分け法の考え方を理解したところで、実際に物の片づけを進めていきましょう！

まず、ビニールシートやブルーシートなどに、物を集めておいておけるスペースを確保します。それをテープで4つのエリアに分け、それぞれ【いる】【いらない】【迷い】【移動】に割り振りましょう。

あとは先ほど説明したルールにしたがって物を置いていくだけです。焦る必要も、急ぐ必要もありません。自分のペースで進めていって大丈夫です。

ここで注意点を1つお伝えしておきます。

この4分類仕分け法は部屋ごとに行うようにして下さい。キッチン、リビング、寝室……どこから始めても構いませんが、全部屋の物を一度に片づけようとはしないようにしましょう。

例えばキッチンから始めたとしたら、それが終わってからリビングに、そのあと寝室にというように進めてほしいのです。

と言うのも、一つずつ済ませないと片づけが中途半端に終わってしまう可能性が高くなるからです。片づけにあまり慣れていない人ほど、このパターンに陥りがちです。

現場でよく見かける光景が、キッチンの片づけをしているのに、本来はリビングにあるべき物が出てきた場合です。それをリビングに戻すために持っていったつもりがついでに、リビングの片づけを始めてしまうケースです。

実はそうなることを防ぐための工夫が【移動】の項目です。ここには思い出として残すと決めた物を置くといいましたが、それにプラスして「本来あるべき場所にない物」の置き場所としても活用します。そのことで他の部屋に戻しに行く手間を省き、その部屋の片づけに集中できるようになるのです。

そうやって【移動】に置いていた物は、その部屋の片づけが終わってから本来の場所に戻してあげて下さい。

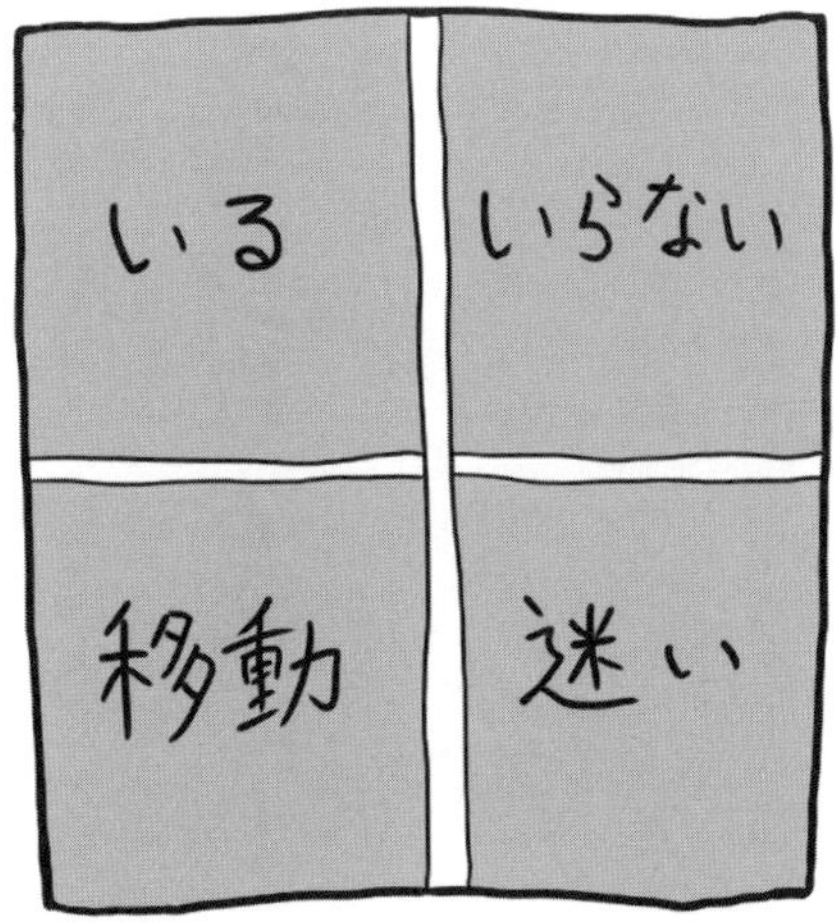

2

片づけを通して家族のコミュニケーションも活発に！

共有の思い出がある物

「4分類仕分け法」にしたがって物を片づけていくうちに、あなたはあることに気づくはずです。

「これって私だけじゃなく、主人にとっても思い出深い物じゃないかしら」

例えば、音楽CD。2人で一緒に足を運んだコンサートがとても素晴らしかったので、そのアーティストのCDアルバムを購入しました。その後ドライブ中に聴いたり、部屋で過ごすときに流したりと、夫婦にとっては大切なアイテムです。

試しにプレーヤーで再生してみたら、懐かしいメロディーとともに当時のシーンがまざまざと蘇りました。

さて、このＣＤはあなただけのものでしょうか？　いいえ、これはご夫婦二人のもの。となると扱いに関しては、ご主人の意見も取り入れる必要があります。

あなたは思い出の物として残したいと考えていますが、もしご主人も同じ考えだったら？　同じ音楽ＣＤをもう１枚買ってくるのは、どう考えても違いますよね。この場合は二人で話し合って、どちらかが管理者となればいいのです。

管理者になるということは二人分の思い出が詰まった物を預かるということ。責任も重大ですが、そのぶん大切に扱うことにもなりますね。

いまの例では、夫婦共有の思い出の物を取り上げましたが、もちろんご両親と共有する思い出、お子さんと共有する思い出などさまざまなケースがあるはず。いずれにせよ、当事者同士で話し合って管理者を決めることにしましょう。

ときに「温度差」が生じるケースも

思い出が共有されてはいるものの、思い入れの面で温度差が生じているケースを数多く現場で見てきました。

以前、娘さんの成人式の振り袖を10年以上にわたって保管していたお母さんがいました。「娘が一生に一度の成人式で袖を通した着物だから捨てるわけにはいかない。必要になったら仕立て直して訪問着にすればいい」と考えていたのです。

ところが当の娘さんは「いまどき着物を着る機会もないし、そもそも着たいと思わない」という考えの持ち主。それに成人式の思い出は写真などで残っているので、特に振り袖そのものに執着はないとのことでした。

さらに言えば、娘さんはすでに結婚していて子どももいましたが、入学式などで着物を着ようとは思っていないという話です。

生前整理の依頼を受けた私が振り袖に対する両者の思いを明らかにしたところ、そのお母さんは次にこう言い始めました。

「孫が着るかも知れないから、やっぱり処分はできない」とりあえずその着物の状態を確認してみましょうと私が言うと、タンスの上に置かれていた衣装箱が約10年ぶりにおろされました。その蓋を開けた途端、全員が「………！」振り袖には虫食いがあり、とても着られる状態ではありません。さらに着物の柄も、当時としては斬新だったようですが、いまの感覚で見ると袖を通すのに抵抗を覚えざるを得ないデザインでした。

この現状を見てようやくお母さんは「処分するしかないわね」とあきらめました。ただ、やはり捨てるのはしのびないということで、着物を裁断して小物入れとランチョンマットを作成して着物からカタチを変えることにしました。

出来上がりを見て、お母さんはとても喜んでいました。

このように思い出の物を手放すとき、別の物に生まれ変わらせるという方法も有効です。また、この振り袖の場合は成人式の写真があったので、そちらを思い出として残すこともできました。このように思い出の物を写真にバトンタッチする方法も有効です。写真に残すことで思い出は受け継がれていきます。

例えば、先の音楽CD。「いまはネットの音楽配信でいつでも聴けるし、パソコンにも取り込める。そもそもCDプレイヤーを使う機会がほとんどない」という人も多いはず。こういう時、思い出の音楽CDをご夫婦で持っている写真を撮って、物自体は手放すという方法もありですね。

共有の思い出がある物は、家族間コミュニケーションをイキイキとさせる働きもあります。

「あのときのコンサートは本当に最高だったわね」

「アンコールの曲が初めて2人で聞いたナンバーだったんだよね」

そんな感じで思い出話に花を咲かせれば、心も笑顔も弾むというもの。片づけを始めて良かったと思えるに違いありません！

〈いらない〉物は売ってもいい

さて、４分類仕分け法によって物を片づけていきました。【いる】に分類した物はそのまま継続して使い続けて下さい。【いらない】に分類した物は手放します。

この場合、そのまま処分（廃棄）することもあるでしょうが「まだ使える物なのに……」と抵抗を覚える人も多いに違いありません。

そういうときはメルカリなどで売るということも考えてみて下さい。また、リサイクルショップに持ち込んだり不用品買取業者に引き取ってもらうこともできます。

その他に「エステートセール」を活用する方法もあります。エステートセールとは価値のある物を海外の人たちに向けて販売していくもの。海外には日本ファンの人がたくさんいます。そうした人たちに日本の道具や美術品、アンティークなどを提供するといったイメージです。

片づけをするなかで骨董品が出てくることも珍しくありません。そうした物を海外の日本ファンに譲るのです（もちろん有償で）。

第5章にエステートセールの第一人者の堀川一真さんが登場しますが、私も父の遺品を堀川さんに託したことがあります。父が大切にしていた物が海外に渡って、また別の人に大切にされるということにドラマチックな感動を覚えました。このエステートセールもぜひ検討してみて下さい。

また、友人・知人に「もし使ってくれるのなら、どうぞ」と持って帰ってもらうのもいいですね。

自分には不要な物であっても別な人には必要だというケースはいくらでもあります。新たに使ってくれる人がいれば、物たちも喜んでくれるでしょう。環境問題的な観点からもオススメしたいことです。

友人や知人に物を譲るときは「生前整理を始めたから」とぜひ伝えて下さい。物を整理することで気持ちがスッキリしたその喜びを、周囲の人たちにも教えてあげてほしいのです。

なかなか捨てられない3大不要品

これまでたくさんの人の片づけをお手伝いしてきた経験から、なかなか捨てられない3大不要品としてあげられるのが「食器類」「衣類」「紙類」です。

食器類は、例えば結婚式の引出物でいただいた大皿やカップ類があります。他にも、食器棚を改めてチェックしてみると家族の人数分以上にお椀やコップ、お箸、スプーン、フォークなどが溜まったりしていないでしょうか？

おそらく「まだまだ使えるから手放すのはもったいない」と思う人は多いでしょうが、いま現在使っていない物を将来的に使う可能性は低いと考えて下さい。

特にそれが言えるのが衣類です。買ってみたはいいものの、あまり着る機会がなかった服やサイズが合わなくなってしまった靴、デザインに飽きてしまったバッグなど「タンスの肥やし」になっている物はないでしょうか？

「痩せたときに着るからずっと残しているんです」と、何年も前に購入した洋服をずらりとクローゼットに溜め込んでいる人もいましたが、もしダイエットが成功したとしてもその洋服を着ることは難しいでしょう。なぜならデザインが古くなっているからです。

理想の体型を取り戻したら、そのスタイルにぴったりの洋服と出会えるので、古い洋服は手放しましょう！

最後の紙類ですが、書類や雑誌、書籍、カタログ、パンフレットなどがあげられます。改めて内容を確認してみて「この先どうしても必要な情報なのか」「ネットでも入手できる情報ではないか」といった観点から見直してみて下さい。どうしても大切な情報なら残しますが、そうでない場合は不要と判断して処分しましょう。

特に雑誌や書籍は意外とスペースをとってしまいます。読み返すことがない場合は新古書店などに買い取ってもらいましょう。保管したい情報がある場合は、その箇所だけスキャンしてデータで残すのもおススメです。どうしても読み返したくなったら図書館を利用するという手があります。また、近年では電子書籍化されるケースも増えていますから、そちらを利用してもいいでしょう。

3 必要な物だけに囲まれている快適な暮らしを取り戻そう！

思い出箱の大きさはみかん箱サイズ

さて、４分類仕分け法の仕上げとして【移動】に分類した思い出の物を収納しておく「思い出箱」をつくります。

みなさんは思い出箱という言葉から、どれくらいの大きさの箱をイメージするでしょう？

私が提唱しているのは幅37センチ・高さ24センチ・奥行き33センチのサイズです。数字で言ってもわかりにくいので、ズバリ例えると「みかん箱」のサイズ！　みなさんがイメージしていたサイズよりも小さいのではないでしょうか？

実は私が生前整理の講座の中で「思い出箱はみかん箱くらいのサイズがちょうどい

いんですよ」と言うと、多くの受講生が驚いた顔か戸惑った表情を浮かべます。「そんなに小さくて大丈夫かしら？」という心の声が聞こえてきそうなほど。

でも「百聞は一見にしかず」です。これまで私は多くの人の生前整理をお手伝いしてきましたが、ほとんどの人がこのサイズに収まりました。みかん箱サイズは黄金比と言ってもいいほどなのです！

思い出箱がみかん箱サイズであることのメリットとしては将来、施設に入るときや病院に入院するときなどに持って行きやすい点もあげられます。特に、特別養護老人ホームなど自宅を離れて「終の棲家」として施設を利用する場合が該当します。

思い出箱の中身が本人にとってもっとも大切な物なわけですから、自宅に置いてきた物は基本的に処分しても大丈夫ということになります。これは家族の負担を大きく軽減するものです。

とは言え、片づけには個人差があります。「絶対にみかん箱サイズでなければならない」わけではないので、その点はご安心下さい。

あくまでも、これは目安のサイズ。くれぐれも「大切な思い出だけど、思い出箱に入らないから手放さなきゃ」という風には考えないで下さいね。サイズありきの思い出箱ではなく、優先すべきは思い出として残したいかどうか。

思い出箱に入らない場合は、そのそばに置いて他の物と保存しておきましょう！

美しくコーディネートする楽しさも！

思い出箱はみかん箱サイズがいいとは言いましたが、実際にみかん箱を用いるわけではありません。みかん箱は段ボールでできているので、むしろ避けてほしいと思います。

段ボールは長期的な使用には向いていませんし、そもそもが一時的に使うための包装資材。使用後は捨てることを前提とした商品です。大切な思い出を保存しておくためのものとしてはふさわしいとは言えません。

いまはいろんなタイプの箱が販売されています。木製、布製、プラスチック製、紙製……。自分のお気に入りの箱を選んで下さい。

ちなみに私自身が使っている思い出箱は紙製の箱です。ただしそのまま使うのではなく、全体を着物の生地でおおっています。この着物は思い出が詰まっているものの、もう袖を通すことがなかった一着。せっかくなので再利用をすることにしました。

着物の生地は絹製なのでさわり心地がよく、しかも見た目にもきれいです。思い出をしまうにはふさわしい箱になっていると満足しています。

着物の生地以外に使えるものとしてはラッピングペーパーや布、リボン、風呂敷などがあります。それぞれに個性を発揮して、あなただけのオリジナルの思い出箱に仕上げていきましょう!

また、思い出箱にはフタをつけるのも忘れないようにして下さいね。これはホコリやゴミが入らないための工夫。せっかくの思い出の品々がホコリまみれになるのは、誰だってイヤなはずです。

また、虫食いを避けるために防虫対策もしっかりとしておきましょう。私が使っているのはヒノキの木片の防虫剤。香りもいいのでオススメです。

リバウンド対策

物の片づけを進めるうちに、あなたはきっとこんなことをポツリとつぶやいたはずです。

「どうしてこんなに物をいっぱいに溜め込んでいたんだろう……」

【いらない】に分類した物、いったん【迷い】に分類したものの最終的には手放すことにした物。それらの量のあまりの多さに呆然としたかも知れません。

でも、そこで自分を責めるのはＮＧ。過去の自分の行動は、未来の自分の教訓として活かしていきましょう！

この先【いらない】に分類するような物を購入しないために参考にしていただきたいのが、私の考えた**「買い物５原則」**です。これをぜひ今後の暮らしに役立ててほしいと思います。この５原則をしっかりと押さえておけば、物のリバウンドもなくなります。

【買い物の5原則】

○原則1　使う物しか買わない

購入するのは「必ず使う」ことがハッキリしている物だけにしましょう。使わない物を買うのはお財布にも優しくない行為です。

○原則2　納める場所がなかったら買わない

収納場所が思いつく物だけを買うようにしましょう。思いつかないときは購入を見送ります。

○原則3　一目惚れで買わない

いわゆる衝動買いです。「あ、カワイイ!」「これステキ!」で衝動的に購入した物はほとんどの場合、後悔を招きます。これまでにも経験があるのでは?

○原則４　「流行だから」で買わない

流行はすぐにすたるのが世の常。みんなが買っているからといってあなたが「右にならえ」をする必要はありません。「これって、本当に私が買わなければならない物？」と自問自答してみましょう。

○原則５　他人との比較で買わない

「あの人が持っているのに私が持っていないなんて悔しい」。本当にそうですか？他人との比較ではなく自分の人生の主人公である自分自身を中心に物を持つようにしましょう。

「前向きな生前整理」を進めるなかで、あなたもきっと実感することと思いますが「必要な物だけに囲まれている暮らし」の快適さ、心の満足度の高さは言葉にできないほどです。

これからの人生をそうした充足した思いで過ごせることに気がつくと、もう大量の物に囲まれる生活には戻りたくないと思うはず。

その気づきこそが、この先の人生をより良いものにしてくれます。「この暮らしを守っていこう」と思えたらしめたもの。生前整理にも弾みがつくというものです。さあ、次のステップへと進みましょう！

第3章

写真整理は生前整理の近道（心の整理法）

1

写真の片づけがグングン進む！とっておきの方法

写真の整理ができていないのはどこの家庭も同じ

この章では写真の整理法についてお話をしていきますが、本題に入る前にぜひ知っておいていただきたいことがあります。それは、

「写真が整理できていないのは、あなたが整理下手だからではない」

ということです。決してあなたは例外ではありません。どこの家庭でも写真の整理に手こずっていて、多くの人が途方に暮れている状態なのです。私は生前整理や遺品整理のお手伝いを通してそのことを強く実感するようになりました。逆に、その経験があるからこそ写真整理が生前整理の鍵になることに気づいたのだとも言えます。

ではなぜ、写真整理が難しいのでしょうか？　まずはその理由から考えていくことにしましょう。

かつて写真はフィルムを使って撮っていました。いまのようなデジタルではなく、アナログのスタイルだったわけです。

そのフィルムを現像してネガフィルムにし、そこから紙焼き（プリント）する写真を選ぶというのが当時の写真との付き合い方でした。写したものすべてを紙焼きしていたわけではなかったのです。なぜなら、フィルム代も現像代も、またプリント代も高額だったからです。そのため「これは写真にしよう」というものだけを紙焼きにしていました。

この段階では写真の整理はさほど難しくありませんでした。なにしろ量が少ないわけですから。

それが一変したのは「同時プリント」が主流になってからのことです。

写真が普及するにつれてコストも下がり、現像とプリントが同時にできるようになりました。それまではネガフィルムから紙焼きする写真を選んでいましたが、同時プリントの時代はフィルムに写っているものすべてを紙焼きするようになったのです。

さらに同時プリントを扱う店舗も増え（通常のカメラ店に加えて、スーパーマーケットやクリーニング店などでも受けつけていました）撮影済みのフィルムを現像に出したら現像代はかかるもののプリント代は0円、即日仕上げ、さらにミニアルバムのおまけ付きというサービスまで出てくるようになりました。このことで家庭の写真が一気に増えたのです。

写真の整理が追いつかなくなってきたのは、このあたりからです。「写真の整理をなんとかしなきゃ」と思いながらもその方法が分からずに、お手上げ状態で放置しておく家庭が増えていきました。また、後述しますが、写真特有の「整理に手こずる性質」も影響したと言えます。

一般的な家庭には紙焼き写真が5000枚から1万枚あると言われています。それはこの時代の「遺産」と考えていいでしょう。

同時プリント時代のあとに登場したのが「デジタルカメラ」です。

デジカメはフィルムを使う必要がなく、メモリが許す限り好きなだけ写真を撮ることができます。写真データはパソコンに取り込み、プリントせずにモニターで見るというスタイルが定着していきました。撮影コストがほとんどかからないので、気軽に写真が撮れて、それにともない写真の量は爆発的に増えていきました。

そして「スマートフォン」の登場。スマホ登場前の携帯電話によるカメラ機能も含めて、これまで以上に写真はお手軽なものとなり、いつでも撮影できるし、好きなときに見ることができるようになっています。

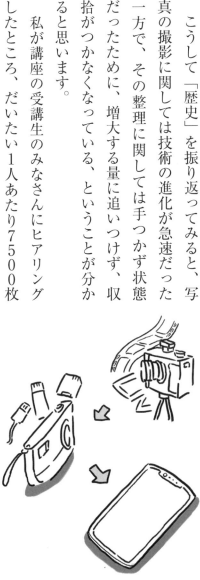

しかも高画質にして高性能。写真を加工するのも簡単ですし、バックアップもスムーズ。無制限に撮影ができる環境が整うようになりました。

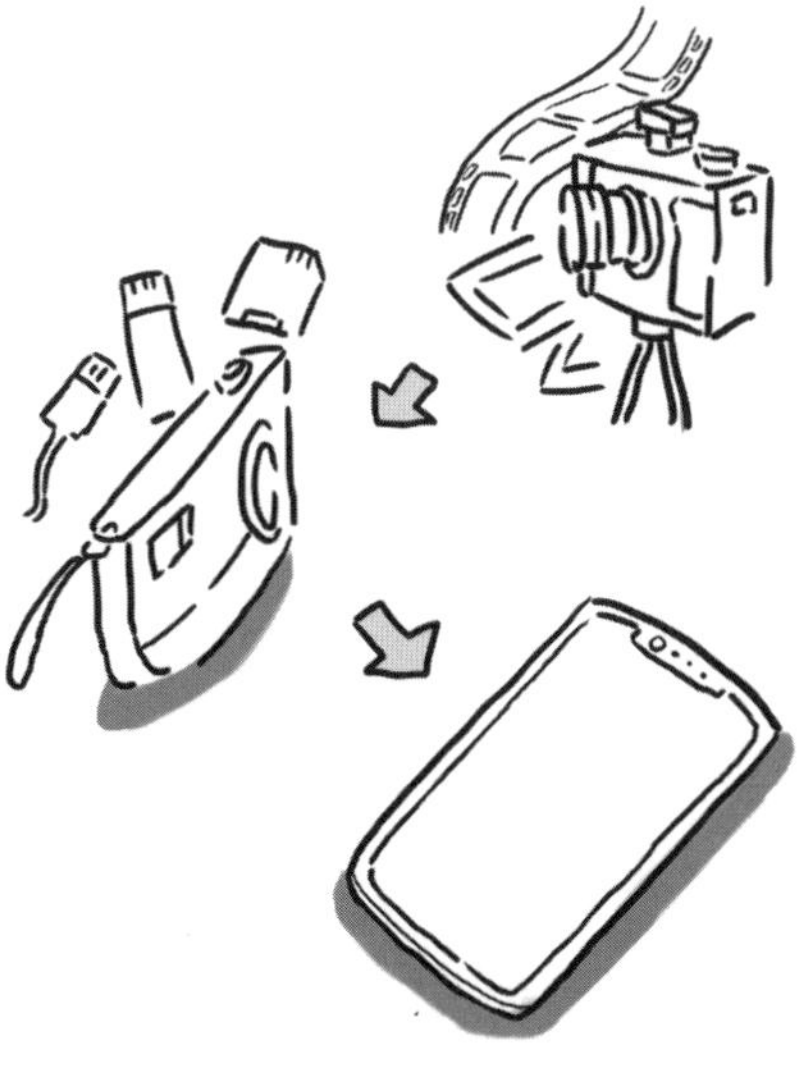

こうして「歴史」を振り返ってみると、写真の撮影に関しては技術の進化が急速だった一方で、その整理に関しては手つかず状態だったために、増大する量に追いつけず、収拾がつかなくなっている、ということが分かると思います。

私が講座の受講生のみなさんにヒアリングしたところ、だいたい１人あたり７５００枚もの写真をスマートフォンに入れて持ち歩いていました。凄まじいまでの量ですね。

片づけでもっとも手強いのは「写真」

写真には特有の「整理に手こずる性質」があると言いました。その性質とは何でしょうか？

写真は感情的なつながりが強いため、整理しようと取り出してくると、ついつい見入ってしまいます。写真に写し出されている光景を目にすることで当時の感情や出来事が鮮明によみがえり、知らず知らずのうちに整理の手が止まってしまうのです。

これは一度でも写真整理に手をつけたことのある人は共感してくれるに違いありません。

「あら。これって長男の入園式の写真だわ。あの子ったら、すぐに友達ができたのよね」

「あ～。この写真、10年前の同窓会のときのだわ。いまだったらこんな髪型できないわね。若いわ～」

「わー。この頃、うちの旦那さんはけっこうスリムだったのね。よし、この写真を見せたら、ダイエットをする気になってくれるかしら！」

……この例のように、写真1枚1枚を手にするなかで、そんな思いが湧き上がってくるはず。これはこれで楽しい時間なのですが、片づけという面では遅々として進んでおらず、じつに写真は手強いのです。

また、感情的なつながりが強いため、どの写真を残してどの写真を削除・破棄するかを決めるのが難しい面もあります。特に古い写真や思い出深い写真にはそれが言えます。

でも、だからと言って、

「あれこれ悩むのはストレスなので、生前整理のこの機会に写真はすべて捨てることにします！」

というのだけはやめて下さい。私の講座を受けた受講生のなかにもそういう人たちが何人もいましたが、後悔している人がほとんどです。

いくら写真整理が大切だとは言え、すべてを捨てるのはあまりにも過激すぎます。これでは【いる】【いらない】の2分類法と同じですよね？

写真はただの紙切れやデジタルデータではなく、私たちの人生の一部を物語る貴重な記録。その価値は時間がたつとより鮮明になっていきます。その意味では捨てると後悔する可能性が高い存在でもあるのです。

写真を安易に捨ててはいけない5つの理由

私は「写真を捨てると後悔する理由」として次の5つがあると考えています。

◎記憶の再現が難しくなる

写真は特定の瞬間や出来事をとらえる媒体ですから、そのシーンを思い出す手助けになります。特定の写真を捨てると、そのときのことを記憶によみがえらせることが難しくなってきます。

◎歴史的価値として

写真は時代のスナップショットであり、文化的・歴史的な価値を持つことがあります。写真に写り込んでいる背景は時代を映し出しているのです。また、家族の歴史や個人の成長の記録としての側面も持っています。これらを捨てると自分自身や家族の歴史の一部が失われてしまいます。

◎感情的な結びつき

写真は感情的な結びつきが強いアイテムです。人や場所、ペット、特別な瞬間に関連するさまざまな感情を想起させる作用があります。そのような写真を捨ててしまうと、感情的なつながりを見失ってしまう可能性があるのです。

◎後々に必要になる可能性

時間が経つと捨てた写真が必要になるケースも考えられます。例えば、家族史をつくろうと思いたったとき、歴史的な研究をするとき、特別な記念日を祝うときなどが考えられます。他にも、葬儀の際に以前誰が参列したのかを確認するために使ったケースもありました。

◎認知症予防

認知症を患っている人は最近の記憶を保つことは困難ですが、昔の記憶は保持しているケースが少なくありません。昔のことを思い出して言葉にすることで脳が刺激を受けて活性化することもあり、そのきっかけとなるのが写真です。写真を見ながら認知症の人と話をすることで、活動性や自発性、集中力の向上がうながされる働きが期待できます。

以上の理由から私は安易に写真を捨てるべきではないと考えています。もちろん山のようにある写真のすべてを残しておく必要はありませんが、いまお伝えしたような写真の価値も考慮した上で整理を進めていってほしいと願っています。

アナログ写真はデータとしてデジタル化する

私はこれまで生前整理・遺品整理の現場で大量の写真が出てくる光景を何度も目にしてきました。紙焼き写真は物理的なスペースを取るため、なんとか整理をしたいという人は少なくありません。かと言って、一気に捨ててしまうのは先ほどの5つの理由からオススメできません。

では、どうすればいいのでしょうか？

その解決法として「写真のデジタル化」があります。アナログの紙焼き写真をデータとしてデジタル化するのです。

デジタル化することのメリットとしては、次の5つがあげられます。

◎永続性と保存性

デジタル化することによって時間の経過による劣化や物理的ダメージ（湿度・虫食いなど）から守ることができます。データが適切にバックアップされていれば、写真は永遠に維持することが可能です。

◎検索性

デジタル化した写真は日付・場所・イベント・登場人物などでタグ付けすることができるため、写真を検索する際にとても便利です。

◎スペース節約

大量の紙焼き写真は物理的なスペースを必要としますが、デジタル化すれば、その問題も解決します。

◎編集加工が容易

デジタル化された写真は色調整・トリミング・フィルターの追加などさまざまな方法で編集加工することが容易になります。古い写真の修復もでき、モノクロ写真をカラー写真にするのも一瞬。写真に新たな魅力を付け加えることができるのです。

◎複製と分配

データにするわけですから簡単に複製することができ、それを分配することができます。特に家族同士・友人同士で大切な写真を共有する際には便利です。

このようにメリットがさまざまにある紙焼き写真のデジタル化ですが、そこには適切なデータ管理と入念なバックアップが欠かせません。データはなくなるときには一瞬でなくなるので、特にバックアップは二重三重の備えを意識しましょう。クラウドサービスなどのオンラインストレージと外付けハードディスクやUSBメモリなどの外部ストレージデバイスを組み合わせて活用して下さい。

デジタル化の方法ですが、私が愛用しているのが「ScanSnap」という機器。大量の写真を瞬時にデジタルデータ化してくれる優れものです。他にもスマホのアプリを使ってデジタル化する方法もあります。時間と手間をかけたくない場合は、専門の業者もあるのでそちらも検討してみて下さい。

5つのステップで写真データを整理していく

紙焼き写真をデジタル化したことで、手もとにはすべての写真がデータとなって残ることになりました。次はこの大量の写真を整理していくことにしましょう。具体的には次の５つのステップで進めていって下さい。

①1か所にまとめる

すべての写真を１つの場所にまとめます。デジカメやスマホなど最初からデジタルで撮った写真は意外とバラバラに散らばっているもの。例えば機種変更をする前のスマホや携帯電話、以前に使っていたパソコン、外付けハードディスク、ＵＳＢメモリ、ＳＤカードなどをチェックしてみて下さい。これらのなかにある写真データをすべてかき集め、１つの場所（パソコンや専用のストレージデバイスなど）に保存します。

②全データをバックアップ

1か所に写真を集めたら、まずはバックアップ。すでにお伝えしたように、これはデータを失わないための対策です。できれば外付けハードディスクとクラウドストレージの両方に保存するようにして下さい。

③カテゴリー分けをしてフォルダを作成

整理をした写真を保存するためのフォルダをカテゴリー別につくっていきます。カテゴリーとは、例えばシーン・人物・場所・お気に入りなどがあります。まずは大きなフォルダをつくり、そのなかにサブフォルダを作成していけばまとめやすいでしょう。「人物」というフォルダをつくったら、そのなかに「私」「主人」「子ども」というサブフォルダを作成し、該当する写真を入れていくイメージです。

この際、重複している写真や不要な写真があれば削除していきます。不要な写真とは例えば、ピントが合っていなかったり、露出がうまくいってなかったり、あるいは

関心のない人物が写っている写真です。他にも風景だけしか写っていない写真、同じようなポーズで写っている写真も一番いいと思うものだけを残して、あとは削除しましょう。

④フォルダ分けした写真をバックアップ

再びバックアップします。前回のバックアップデータから不要な写真を取り除いたものですから、しっかりと保存しておきましょう。ここでも外付けハードディスクとクラウドストレージの両方に保存するようにしたいものです。

⑤写真管理のルールを決める

写真は一度整理したらそれで終わりというものではありません。整理したあとも新しい写真は増えていくので適切な管理が欠かせないのです。

私は毎月１日を写真整理の日にあてています。前月の行動の振り返りを兼ねて写真を確認し、取捨選択をしています。また、年に1回、自分の誕生日には写真の全データを見直すことにしています。

みなさんもぜひご自身の生活スタイルに合わせて写真管理のルールを決めるようにしましょう。

10年以上、一度も開かれなかったアルバム

さて、以上のような流れで大量の写真の整理に目途がついたはずですが、話はここで終わりません。むしろ、ここからが本番と言ってもいいでしょう。

「大津流生前整理」は写真を最大限に活用する点に特徴があるのです。

じつは大量に取った写真をじっくりと見返すという人はあまりいません。整理を進めるなかで「撮りっぱなしにしていて、これまで見返すことはなかったな」と改めて気づく人が大多数を占めています。これでは何のために写真を撮ったのかわからなくなりますよね？

ここで、ある女性のエピソード紹介してみましょう。

彼女のお父様はカメラが趣味で、我が子の写真をたくさん撮っていました。やがて彼女がお嫁に行くとき、それまで撮った写真をアルバムにまとめて持たせてあげるこ

とにしたそうです。その数、なんと15冊！　言うまでもなく、すべて紙焼き写真です。

ところが、彼女は結婚後10年以上たっても、そのアルバムを一度も開くことがなかったといいます。あまりに量が多い上に、ゆっくり見返す時間はなく、さらにわざわざ見る時間を作る必要性も感じなかったのでしょう。

このエピソードから、写真を大切には思うものの、紙焼きであれデジタルデータであれ時間をかけて鑑賞する習慣を人々は持たないということが言えそうです。

でも、そんな状況をくつがえす写真の活用術があるのです。

実際、いまのエピソードの彼女も「マイベストショットアルバム」というその写真の活用術を知ったとたん、自分の写真を毎日のように見ることになりました。そして、自分の写真を目にすることによって「元気になれる！」と思うようにもなったのです。

これからご紹介する「マイベストショットアルバム」にはそんな素敵なパワーがあるのです。

マイベストショットアルバムって何？

マイベストショットアルバムとは、その名の通り自分自身のベストショットを集めたアルバムのことです。思い出の曲だけを編集したフェイバリットソングアルバムの写真バージョンだと思って下さい。

このアルバムには生まれてから現在に至るまでのあなたのベストシーンだけを収めます。だからどのページを開いても最高に輝いている自分を目にすることができるわけです。

見るだけで元気が出ますし、毎日開きたくなる気持ちもわかるのではないでしょうか。なにしろ世界にたった一つしかないフォト自分史なのです！

このマイベストショットアルバムを作ると、写真が片づくのはもちろんですが、これまでの自分の人生の振り返りもできることになります。その振り返りは自分自身の人生の肯定にもつながっていきます。なぜなら、自分が輝いているシーンをたくさん確認することができるからです。

「私の人生って、こうして見るとまんざら捨てたもんじゃないわね」そんなポジティブな気持ちに包まれるのです。「まんざら」どころか、「最高に幸せ！」と実感できますよ！

ここでまた、１人の女性のエピソードをご紹介します。

彼女は、きょうだいのなかで自分だけはあまり大切にされていない……、と感じながら人生を過ごしてきました。ところがマイベストショットアルバムを作成していく過程で「いや、決してそんなことはない」と思うようになったのです。

なぜならアルバムに収めたいと思った写真には、自分が他のきょうだいとお揃いの服を着ていたり、自分にツラく当たっていたと思っていたお母さんが優しい笑顔で見つめているシーンがあったからです。彼女が描いた絵が家の壁に飾られている写真もありました。

「本当は私、愛されていたんですね。そのことに気づけてよかった……」

と、彼女はしみじみとした口調で語ってくれました。マイベストショットアルバムにはそうした効用もあるのです。

2 実践！　マイベストショットアルバムの作り方

まずは100枚をピックアップし、30枚まで絞る

では、実際にマイベストショットアルバムを作っていきましょう！

その作り方ですが、まずは生まれてから現在までの写真をすべて集めるところからスタートします。写真のデータはすべてバックアップしているので手間はかからないはずです。紙焼きの写真が残っていたら、それも使います。

そして集めた写真を「乳幼児時代」「小学校時代」「中学校時代」「高校時代」「専門学校・短大・大学時代」「社会人時代」といったカテゴリーに分けていきます。このカテゴリーは人によって違ってきますので、あくまでも目安としてとらえて下さい。

次にこれらのなかから特に大切だと思う写真をピックアップしていって下さい。枚

ましょう。

数は１００枚。多少は前後しても構いませんが、できる限り「厳選」する姿勢で臨み

このとき、風景だけの写真や一緒に写っている人が誰なのか思い出せない人や知らない人の写真は省きます。記憶にない人と写っている写真は、かなりの確率で「ベストショット」ではないはずですから。

このピックアップした１００枚の写真にはコメントをつけて、いつのどういうシーンの写真なのかがわかるようにしておきましょう。そのとき感じていた感情もコメントとしてメモしておくと更にいいですね。

また、大切に保存するために１枚１枚を写真袋に入れておきます。紙焼き写真の場合はそのまま。デジタル化している場合はプリントアウトしましょう。

次にこの１００枚から今度は50枚をピックアップします。そして最終的には30枚まで絞り込んでいきましょう。

絞り込んでいくことが難しいと思ったときは、「その写真を見て思い出がきちんと語れるかどうか」を基準にして下さい。そして、主役はあくまでも自分自身だという

ことも忘れないようにしましょう。テーマは「輝いている私」です。

例えば、つたい歩きをしながら満面の笑みを浮かべている赤ちゃん時代の「私」、発表会で新調したドレスを着てスポットライトを浴びて喜んでいる「私」、運動会でキリッと鉢巻きを締めて懸命に走るがんばった「私」、美しい景色を背景に結婚前のご主人と並んで写っている愛を感じた「私」、純白のウエディングドレスに身を包んで大勢の人たちから祝福されている幸せな「私」、産まれてきた我が子を胸に抱いて微笑んでいる守るべき人が出来た「私」……。

あなたが輝いている「名場面」はいくつも見つかるはずです。その忘れがたいシーンを30枚選び出して下さい。

自分の好きな時代に偏ってしまうのは仕方がないかも知れませんが、なるべくなら各時代ごとにバランスの取れた構成になるようにピックアップするのが理想的です。

肌身離さず持ち運べるコンパクトなアルバムを

次にマイベストショットアルバム専用のアルバムを用意します。このアルバムには厳選した30枚の写真を貼っていきます。

アルバムのサイズは手のひらに乗るようなコンパクトなものにしましょう。１ページにＬ判の写真が１枚貼れる大きさのものを選んで下さい。理由は携帯に便利だからです。

マイベストショットアルバムを作った人のほとんどが「肌身離さず」と言っていいほどにアルバムを手元に置くようになります。あなたもきっと例外ではないはず。持ち運びの利便性を考えると手のひらサイズが理想なのです。

それに気軽に持ち運びができると、外出先でお友達にも見せることができます。

また、地震や水害など万が一の自然災害のときもすぐに持ち出せるので、思い出を守ることもできるのです。

アルバムはネットで買ってもいいですし、文具店で購入しても構いません。でも、できれば種類の豊富な大型文具店に足を運んで、あれこれと比べながら一番気に入ったものを選ぶのがいいでしょう。実際に手にとってみることで使い心地の良さも分かります。

店頭にはたくさんのアルバムが並んでいます。シックで落ち着いたデザインのものから、パッと華やかで明るいポップな色調のもの、かわいいキャラクターが描かれているもの、シンプルなスタイル、キュートなデザイン……本当にさまざまです。

自分の大切な写真たちを「永久保存」するにふさわしい1冊を楽しみながら見つけ出して下さい。「どれが私に似合っているかな？」と悩む時間もまた楽しい思い出になります。

そのときには、30枚の写真が収められるアルバム、又は台紙を追加して30枚の写真を収めることができるタイプのアルバムを選ぶことは忘れないで下さい。

写真を貼ってぬくもりのあるコメントを添える

アルバムを購入したら、今度はそこに厳選した30枚の写真を1枚1枚貼っていきます。原則として1ページにつき写真は1枚です。

貼っていく順番ですが、時系列にします。そのことであなたの成長の軌跡が一目で見て取れますし、なによりシンプルでわかりやすいですよね。

写真の横にはコメントを添えます。それぞれの写真にまつわる思い出を書いておくことで、後で見直したときにさまざまな記憶を蘇らせることができます。

コメントとしては、例えば……。

「小学校最後の運動会。アンカーでリレーに出場して、逆転勝ちした！」

「高校の卒業式。親友の◎◎さんと制服で過ごす最後の日。彼女とはいまも親友！」

「新婚旅行で行ったハワイ。ダイヤモンドヘッドをバックに、夫婦になってはじめてのツーショット！」

「長男の誕生。元気な産声に一安心。今日から私もママです！」

そのときどきのシーンがイキイキと蘇るような一言を添えるようにしましょう！

このコメントは、あなたのお子さんやお孫さんなど下の世代の家族がマイベストショットアルバムを手にしたときに、あなたの「人となり」が伝わるような書き方を意識して下さい。

将来あなたが亡くなっても、あなたが生きた証しは、ぬくもりを感じるコメントとともに受け継がれていくことになります。

どんなコメントにするかを考えるうちに、忘れていた当時のことを思い出すことも珍しくありません。

「そうだ。運動会で1位になったとき、お母さんが夕飯にエビフライを作ってくれたんだ！」

「卒業式のあとみんなでカラオケに行ったんだったなあ。大好きな彼とデュエットしたこと思い出しちゃった」

「ワイキキビーチを散歩してたら、お洒落なカフェを見つけて2人で入ったんだっけ」

「あの産科の看護師さんから、この子は丈夫に育ちますよって言われたのよね。本当にその通りだったわ」

そうやってよみがえった思い出は、あなたの心をあたたかく包んでくれるに違いありません。また、コメントの他にシールやマスキングテープなどでそれぞれのページを演出するのも楽しいですよ。

エターナルフォトにも活用！

マイベストショットアルバムは、あなたがこの世から旅立った後も活躍してくれます。あなた自身の生きた証として、子孫に対して、あなたが輝いているシーンを伝えるのはもちろんですが、それだけではありません。もっと現実的なところでも役立ってくれるのです。

それは、エターナルフォト。

エターナルフォトとは葬儀で用いる個人の写真のことです。

「え？　それって遺影のことでは？」

確かにその通りなのですが、私はあえて「遺影」という言葉は避けて「エターナルフォト」という言葉を使っています。

エターナルとは「永遠の」という意味。人の命には限りがあるため永遠の時間を過ごすことはできませんが、その人がこの世に生まれ、たくさんの人たちと出会って、輝く時間を過ごした事実は永遠の歴史として刻まれています。そんな想いもこの言葉には込めているのです。

一方で遺影という言葉から、みなさんはどんな印象を抱くでしょうか？　黒く縁どられた写真のなかに鎮座しているのはいかめしい顔をした故人。あるいは無表情で無感情の故人。

そうした写真からは充実していたはずの人生の輝きはなかなか伝わってきません。昔は、運転免許証の写真を遺影に使っていたこともあったと聞きます。運転免許証の写真は人に見せたくないナンバーワンの写真ではないでしょうか？

いかめしい顔であったり無表情の顔であったりして、最後のお別れのために足を運んでくれた人たちに見せたいものではないのは事実でしょう。もし故人の魂が葬儀会場にいたとしたら「もうちょっとマシな写真はなかったの!?」とおかんむりになっているかも知れません。

もっとも、そうなってしまうのも無理がないという事情もあります。

葬儀を経験したことのある人なら分かると思いますが、短時間のうちにいろんなことを決めていかなければなりません。遺影に使う写真をじっくりと選んでいる時間はないでしょう。あったとしても3時間程度と言われています。さらに70パーセント以上の人が遺影の用意をしていないというデータもあります。

でも、もしここにマイベストショットアルバムがあったら？　控えめに考えても「いかにも遺影」的な写真が使われる可能性はゼロと言っていいでしょう。なぜなら、そういう写真がマイベストショットアルバムに収められているはずがないからです。

マイベストショットアルバムを作成するとき、時系列に写真を貼っていきました。ということは、最終ページにはもっとも新しいあなたの写真があるということ。これをエターナルフォトとして葬儀に使ってもらうのもいいと思います。

そうすれば最後のお別れをしに来てくれた人たちに、「みんなのおかげで素敵な人生を過ごすことができた……。ありがとう！」というメッセージを、写真を通して送ることができるのです。

近年の葬儀では、個人の写真をスライドショーのように上映する演出をよく見かけます。この場合も、マイベストショットアルバムの写真をまるごと使えますし、それぞれのシーンにはあなたのコメントをテロップとして流すこともできます。

そのためには「葬儀のときには、マイベストショットアルバムの写真を使ってね！」と家族に伝えておくことが不可欠。少なくともマイベストショットアルバムの存在は知ってもらっておくようにしましょう。

その際、いっしょに写真選びをするのもいいかもしれません。

「エターナルフォトはこの写真より、こっちの写真のほうがいいんじゃない？」「この写真もいいよね。とてもステキな表情だよ」といったコミュニケーションを交わすのも新たなる思い出になります。

普段の暮らしで遺影について話す機会はほとんどないと言っていいでしょう。どうしても「死」を連想してしまうので、無意識に敬遠されているのかも知れません。でも、エターナルフォトだと、もっと気軽に話せそうな気がしませんか？

家族でエターナルフォトについてオープンに話すことによって、いつか来る「お別れの日」に思いを馳せれば、家族の絆はより深まるに違いありません！

3

家族の写真にもベストショットはたくさんある！

次は家族のベストショットアルバム作りをサポート

自分のマイベストショットアルバムが完成したら、次はご主人（奥様）や親御さんのベストショットアルバム作りを進めていきましょう。

その際、あなた自身のマイベストショットアルバムを見せて、その効力をアピールすると効果的です。

「これを作ったらね、自分の人生が充実していることに気づいたの！」

満面の笑顔で伝えることによって、相手も「だったら自分もチャレンジしてみようかな」という気になってくれます。

ご主人にとっても親御さんにとっても、あなたのマイベストショットアルバムはきっと何度も見たくなる、かけがえのない１冊になるはずです。

例えば、ご主人。長年連れ添って、あなたのすべてを知っていたつもりでも、マイベストショットアルバムの写真を通してこれまで気づかなかった魅力を発見してくれる可能性が大です。

「えっ!? 学生時代の君って、こんなにステキだったのか！」などと言われたら、ついうれしくなるのでは……！

親御さんにしてもそうです。あなたの輝いているシーンが満載のマイベストショットアルバムを見て、思わず目を細めてくれるに違いありません。

「ああ、この子は幸せな人生を歩んでくれていた」

その意味ではマイベストショットアルバムは「親孝行のアイテム」にもなるのです！

自分の人生を肯定的に見つめることができるのがマイベストショットアルバムですから、ご主人にも親御さんにもぜひそうなってほしいですよね？ だから「私も手伝うから一緒につくろうよ！」と背中を押してあげて下さい。

私自身も、父親のベストショットアルバム作りを手伝ったことがあります。その手伝いを通してしみじみと湧き起こってきたのが感謝の念でした。

じつはそのときの父は肺の病気を患い、酸素ボンベを付けて日々の生活をしていました。自由にならない身体に、ときとして苛立ちを感じ、その感情を私にぶつけてくる日もあり、実家に戻る足取りも重くなっていました。

しかし、父といっしょに写真を整理するうちに、そんな気持ちはなくなっていったのです。写真には私を大切に育んでくれた父と母の姿がたくさん写っていたからです。まだ赤ん坊だった私を抱っこする両親の姿に、思わず胸がいっぱいになりました。


「ああ、お父さんとお母さんがいたから、いまの私がいるんだな……」


そう思うと父との間にあった感情のもつれからくるわだかまりが吹き飛びました。これまでずっと親に守ってもらってきたんだから、今度は自分が支えていこうという気持ちが自然に芽生えてきたんです。

自分以外の人のベストショットを集めたアルバムを作成することは、その人の事を更に深く知る事に繋がっていきます。ぜひ大切な人のベストショットアルバムづくりのサポートにチャレンジしてみて下さい！

ご主人や親御さんのベストショットアルバムの作り方は、あなた自身が作ったときと同じプロセスで進めていきます。

①集めた写真を時代別に分けて、特に大切だと思うものをピックアップしていく、②100枚から50枚に、そして最終的には30枚まで絞り込みます。

このときあなたは、「この写真にはどういう思い出があるの？」「いっしょに写っている人は誰なの？」「どこで撮った写真なの？」などと優しく質問を重ねながら、写真選びをサポートしてあげて下さい。

例えばお母さんの場合。

「これは成人式のときの写真で、私が着ているこの振り袖はあなたのおばあちゃんが仕立ててくれたのよ」

というコメントが返ってきたら、その写真は特別なものだとわかります。

「一緒に写っているこの人、誰だったかな？　忘れちゃった」

という写真であれば、ベストショットではないと判断できます。

ご主人の場合はどうでしょう。

「これは入社式のときの写真だね。新入社員を代表して挨拶したんだ」

というコメントだったら、特別な1枚ですね。

「いっしょに写っているのはもう退職した上司だね。正直、あまりいい印象は持ってないかな」ということなら、外したほうがいいと推測できます。


自分1人では面倒がって手をつけないとしても、誰かのサポートがあれば意外と乗り気になってくれるもの。そのきっかけをぜひつくってあげて下さい。

また、写真を見ながら思い出を語ってくれることもあるでしょう。その場合、思い出話にしっかりと耳を傾けてあげましょう。

ご主人や親御さんの思い出話のなかには、きっとあなたの知らないエピソードも盛り込まれているはず。その人生のワンシーンにふれることで、ご主人や親御さんの歩んできた人生を追体験し、肯定的に見つめることができるようになるでしょう。それもまた素敵なことですね。

そして、ご主人や親御さんのベストショットアルバムもまた、先述したエターナルフォトに活用することができます。万が一のときにも活用することができるのです。

ファミリーベストショットアルバムで家族の絆を再確認する

家族一人ひとりのベストショットアルバムを作成したら、今度は家族を主役にした「ファミリーベストショットアルバム」もつくりましょう。

マイベストショットアルバムや家族のベストショットアルバムでは納まりきらなかった写真には、家族みんなで写っているものもたくさんあるはずです。また、あなた自身が映っていなくても、あなたがシャッターを押した家族の写真も少なくないでしょう。

マイベストショットアルバムの主人公は「私」でしたが、ファミリーベストショットアルバムの主人公は「私たち＝家族」になります。家族にとってのベストショットを集めて一冊のアルバムに収めます。

それぞれの記憶にない事も写真は記録として残してくれています。その出来事を振り返ることで家族の絆が深まる可能性は高いのです。

私がそう断言できるのは、自らの体験から。私の実家では家族の集まる和室の鴨居にみんなの写真が飾られていました。父と母の写真やきょうだいの写真、私自身の写真、そしてみんなで写った写真が数多く飾られていました。成長の節目をとらえたベストショットもあれば、家族全員の思い出として刻まれているベストショットもありました。

このように家族にとって大切な写真が日常的に目にふれることでお互いを思いやる気持ちが自然に育まれていったのです。

ファミリーベストショットアルバムを作成したら、みんなが気軽に手にとれる場所に置いておきましょう。ときどき家族でアルバムを開いて「このときはこうだったね、ああだったね」と話すのも楽しいですよ！。

写真で先祖代々の家系図を作成してみる

ファミリーベストショットアルバムを作成したことで、あなたはこれまで以上に家族の絆を感じるようになったことと思います。今度はその「ファミリー」の枠を広げてみましょう。

何をするのかというと、家系図をつくるのです。それも、写真入りの家系図です！

家系図を作ることの大きな意味としては「命のつながり」をビジュアル化できること。自分の両親や祖父母、子ども、兄弟姉妹など深いつながりのある人たちの顔が写った写真を家系図に組み入れることで、よりリアルな絆を感じることができるのです。

自分自身の親は2人ですが、祖父母は4人。曾祖父母までさかのぼると8人になります。これを10代までさかのぼるとご先祖様は2046人。さらに20代までさかのぼると209万7150人、さらに30代までさかのぼったらなんと！　21億4748万3646人になります。

この数字はあくまで血の繋がりがない人が結ばれて子どもが産まれた場合の数字なので、実際の数は相違があるにしても莫大な数字であることに違いはありません。

こうした、たくさんのご先祖様たちが出会いをくり返してきた結果としてあなたは生まれてきたわけです。その「大いなる命の流れ」をぜひ感じ取って下さい。あなた自身もその流れの一部となり、次の世代の家族たちのご先祖様に加わるわけです。

もちろん家系図にすべてのご先祖様を入れるのは不可能ですが、祖父母の代までさかのぼるのはさほど難しくないはずです。そして写真もまた手に入れやすいでしょう。

家系をさかのぼるほど写真の入手は難しくなりますが、家系図に写真を入れるのは、大いなる命の流れを概念的にではなく視覚的に理解する目的もあります。可能な限り、手に入れるようにしてほしいと思います。

家系図は自分を中心にして書いていく

さて、家系図のつくり方ですが、次の順序で進めていって下さい。

①まずはあなたの名前を記入します。
②あなたの名前の横に配偶者である、あなたのご主人（奥様）の名前を記入します。
③法的な婚姻関係がある場合は二重線で結びます。
④つぎに「父」「母」「父方の祖父」「父方の祖母」「母方の祖父」「母方の祖母」「あなたの子（とその配偶者）」「あなたの兄弟姉妹（とその配偶者）」を書き出していきます。

すべてを書き終えたら、それぞれの写真を貼っていきます。

さて、そうやって完成した家系図を見て、あなたは何を感じるでしょうか。おそらく、これまで以上に「血のつながり」を実感し、家族・親族の絆の確かさが胸に迫ってくるはずです。顔写真が入ることで、なおさらその絆がリアルに感じるわけです。

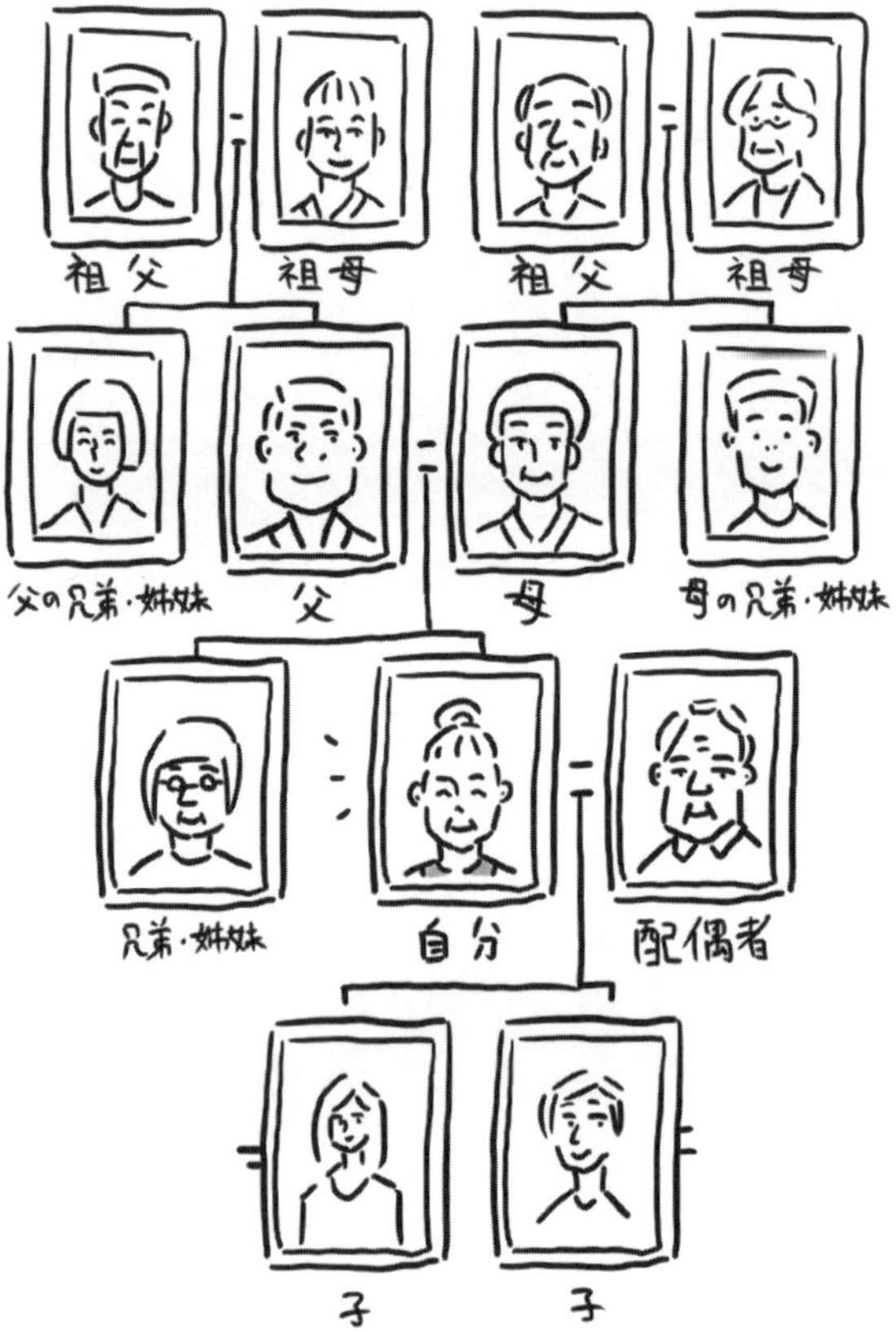

家系図を作ると相続のことも考えるようになる

家系図を作成するメリットとしては、ほかにも「相続」について考えるようになることがあげられます。家系図を見ると、誰が法定相続人で誰がそうではないかが一目でわかるのです。

法定相続人とは民法で定められた「相続する権利を持つ人」のことを指します。その権利を行使して相続をした場合に「相続人」となり、権利を持っていたとしても相続放棄をすれば「相続人」ではなくなります。

ここで少し考えていきましょう。あなたはご主人の親御さんの法定相続人でしょうか、それとも違いますか？　言い換えれば、義父や義母が亡くなった場合、その遺産の一部を相続できるかどうかということです。

答は、特別寄与制度を活用しない場合は「法定相続人ではない」です。したがって遺産を受け取ることはできません。

基本的に法定相続人は「配偶者」と「血のつながりのある親族」で構成されます（養子縁組も含まれます）。あなたはご主人の法定相続人ですが（配偶者なので）、義父や義母の法定相続人ではないのです。

あなたの法定相続人となるのは「配偶者」「子（孫）」「父母（祖父母）」「兄弟姉妹」。相続の優先度もこの順位となっています。

昔は家長である長男の役割が大きい時代でした。明治31年7月16日から昭和22年5月2日までの間に施行されていた旧民法による遺産相続方法で、被相続人である戸主が亡くなった場合は主に長男が遺産を継承・相続する家督相続が原則とされていたものです。相続はよく「争続・争族」になると言われます。

例えば先程のケースの場合は、義母や義父が遺言書を作成しておくことで、あなたを相続人にすることができますし（ただし遺書作成時に親御さんが認知症になっていた場合は、遺言書は無効）生前贈与というかたちで生きているうちから献身的な介護をしてくれるあなたに報いることや特別寄与料の請求もできます。また、あなたを生命保険金の受取人に指定するという方法もあるのです。

相続に関しては情報があまりに多いので、詳しくは専門の書籍にあたっていただきたいと思いますが、最低限の知識は押さえておきたいものです。

4

残りの人生を輝かせるために絶対に必要なこと

「やり残しリスト」を作っていこう！

この章の〝肝〟となる「マイベストショットアルバム」ですが、これこそ人生を肯定的に映し出すアイテムだということは何度でも強調したいポイントです。

アルバムのページを開けば、そこにはさまざまな年代に輝いているあなたがいるわけですから、見ていて飽きることはありません。

そうやってマイベストショットアルバムを眺めているうちに、あなたは過去の自分から励まされていることに気づくはずです。

「私の人生は、こんなにもステキなんだよ！」

心にじんわりと、温もりに満ちたメッセージが伝わってくるはずです。それは、これから先のあなた自身の人生にとってプラスになることです。

過去から現在、現在から未来へと時間は流れていきます。あなたが生きている「いま」は過去の積み重ね。これまで歩んできたその過去を「ステキなんだよ！」と肯定することは、その延長上にある未来をも肯定することになっていくのです。

ここでもう1つのアイデアがあります。

マイベストショットアルバムを作成したとき、まず最初に、すべての写真のなかから特に大切なものを100枚選びましたね。そこからさらに最終的には30枚まで絞ったわけですから、特に大切な写真はまだ70枚残っていることになります。

この70枚の写真を使って「フォト自分史」を作ってみましょう。マイベストショットアルバムだけでは伝えきれないあなたの人生の出来事や想いは、このフォト自分史で表現します。

もしかすると、「自分史」という言葉に身構えてしまい、「文章をたくさん書かなければならないの!?」と思うかも知れません。でも、安心して下さい。この写真があれば長い文章は必要ありません。

こんなふうに写真を整理しながら人生を振り返るとしぜんと「心の整理」にもつながっていきます。

心の整理とは何でしょうか。それは、「やり残してきたこと」への「気づき」といえます。これまでの人生を振り返ったとき、「やり残してきたことがある」という気持ちは誰もが持っているはずです。

子ども時代に見ていた夢、いつか行きたいと思っていた場所、読みたいと思ったまま手をつけなかった本、友人と約束したのにまだ果たせていない再会……。

写真を通して人生を振り返るうちに「そうだった、この頃はこんなことをしたいと考えていた。でもまだ実行していなかった！」と思い出せたらしめたもの。その一つひとつを書き出して「やり残しリスト」をつくっていきましょう。

大袈裟だと思われるかも知れませんが、やり残しリストをつくると、その後の人生が変わります。本当です。どう変わるのかというと行動力に加速がつきます。

それまで腰が重くてなかなか手をつけていなかったことが次々に実行していけるようになるのです。そこから新しい出来事が始まり、人生にさまざまな広がりが出てくるのです。

私ごとで恐縮ですが、私自身が作詞作曲した歌で歌手としてデビューを果たすことができました。私は小さい頃から歌うことが大好きだったので、いつか歌手になれたら……と抱いていた夢がかなったのです。

やり残しリストに書かれていることは、言ってみればあなたの頭のなかに眠っていた想い。一度は忘れてしまったものの、消えることのなかった願いや望みです。

あなたの人生をジグソーパズルに例えるなら、より完成度を高めるための幾つものピース。やり残しリストの項目を一つひとつクリアしていくごとにピースがぴたりと収まるべきところに収まり、あなたの人生に彩りが加えられていくのです！

やり残しリストは3つのカテゴリーに分けて

ここで、**「やり残しリスト」**を簡単に作成するコツをお教えします。それは、次のように3つのカテゴリーに応じて項目を考えていくことです。

◎行きたかったけど、行けなかった場所
◎和解したいけど、できなかった人（謝りたい人）
◎やりたかったけど、できなかったこと

人生におけるやり残しの多くは、この3つに集約されていきます。写真を見たり、人生のそれぞれの節目を振り返ったりしながらリストをつくっていって下さい。

「どうしてわざわざリストをつくるんですか？　やり残したことは頭のなかでわかってるから大丈夫だと思います」

そう考える人もいるかも知れませんが「書き出す」ことの効用は、多くの人が思っているよりもはるかに大きいのです。なぜならリストに書き出して目にする機会を増やすことで、自然に意識下で「これを実現するには何をすればいいか？」を考え始めるからです。

やり残したことの多くは、そのときどきの事情によってできなかったことだと考えられます。例えば子育ての真っ最中であったり、仕事が多忙なときであったり。また、経済的な事情が影響したこともあったでしょう。

でも、ある程度の歳月を経て、そうした事情も変わってきているはずです。子どもが成人したり、仕事はそんなにがんばらなくてもよくなったり、経済的にゆとりが出てきた……など、かつてあなたの行動を束縛していた要因はなくなるか、残っていたとしてもゆるんでいる場合が多いのではないでしょうか？

となれば、「早速行動」あるのみです！

「行きたかったけど、行けなかった場所」に「九州の指宿温泉に行く」と記入していたなら、さっそく旅行プランを組み立てるのです。それだけで気分はワクワクしてきますよ。

やり残しリストは以前のあなたが思い描いていた気持ちを蘇らせてくれます。その思いを大切にしていくことで、ここからの人生はもっとステキなものになっていくのです！

「絶対できない」はNGワード

ただし、「やり残しリスト」をつくる過程で、注意していただきたいポイントが、1つあります。それは、「実現するなんて無理」だと決めつけることです。

心理学の言葉に「予言の自己成就」というものがあります。

これは「単なる思い込みで口にしたことであっても、意識的・無意識的に口にしたことを実現するような行動を選択するようになる」という心の働きを意味します。

何かにチャレンジするときに「多分失敗すると思う」と口にしてしまうと、事実は失敗する確率が高くなるのです。意識せずに失敗につながる行動をとってしまうというわけですね。そして実際に失敗したら「ほらやっぱり、言った通りになった」と思ってしまうのです。

ですから、やり残しリストの項目に対して「絶対できない」はタブーです。できないと決めつけてしまうと、自分の発言の正しさを裏付けるために、できない理由を探し始めることにもなります。

「お金がないから」「時間がないから」「歳をとったから」「家族が反対するから」……。そんな風に「～だから」ばかり並べて、かつて「できなかった事情」を思い起こす必要はありません。

時間を費やすべきは、昔の考えではなく、今の考えです。そして大切なのは「行動」に移すことです！　さあ、いますぐ動き始めましょう！

第4章

簡単な情報整理（情報の整理法）

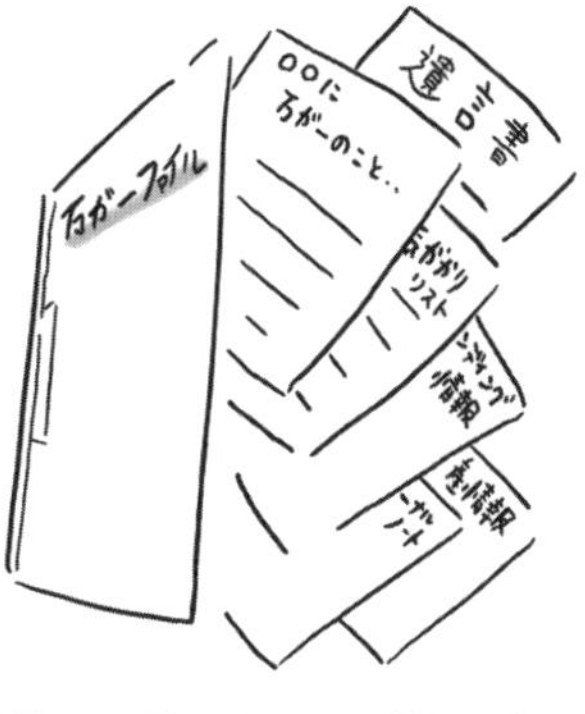

1

デジタル情報の整理スキルは現代人にはもはや不可欠！

爆発的に増えたデジタル情報はしっかり管理する

近年爆発的に増えたのがデジタル情報、特にスマートフォンが普及し始めてからデジタル情報の増大は凄まじく、うっかりすると収拾がつかなくなることもあります。

デジタル情報の一例をあげてみると、メールアドレス・SNS・ブログ・ホームページ・ネットショップ・動画や音楽などの配信サービス（サブスクリプション）などがすぐに思い浮かびます。それらの利用には、それぞれIDとパスワード（暗証番号も含みます）が必要で、その管理には一手間も二手間もかかります。

こうしたデジタル情報に加えて、特に取り扱いに注意を要するのが「お金に関する情報」です。

一度でも電子マネーを使うと、そのあまりの便利さに以前の現金のやりとりには戻れないという人も少なくないはずです。財布から小銭を取り出す手間も時間もいらず、スマートフォンをほんの数秒かざすだけで支払いが終わるのですから大変便利です。

こうしたキャッシュレス決済の普及にともなって、クレジットカードや金融機関の口座などの情報をスマートフォンに登録する機会も増えています。また、株やＦＸなど投資をしている人は証券会社などに情報を登録していることでしょう。

こうしたデジタル情報はしっかりと整理しておかないと自分自身でも混乱してしまいますし、もしあなたが亡くなったときに家族がその情報にアクセスできなくなってしまう可能性もあるわけです。家族の安心のためにもデジタル情報の整理は万全を期しておきたいものです。

デジタル機器のID・パスワードを書き出す

デジタル情報を整理するときに最初に行うべきことは、スマートフォンやタブレット、パソコンといったデジタル機器を開く（操作できるようにする）ためのIDやパスワード（パスコード）を紙に書き留めることです。

もしあなたがデジタル機器を開くためのIDやパスワードを伝えていない場合、家族はそれを推測するしかできません。

あなたの生年月日や電話番号、クルマのナンバープレートなど、それこそ思いつく数字をヒントにパスワードを打ち込みます（パスワードが数字だけだった場合）。しかし、それが正しいという保証はどこにもありません。

しかも、パスワードの入力を一定回数以上間違えると、機器にロックがかかってしまい、機種によっては中身が「初期化」されてしまうケースもあります。

とは言え、セキュリティの面からIDやパスワードを紙に書き出すことに抵抗を覚える人は少なくないはずです。でも、上手に隠す方法があるので安心して下さい。

これは私が考案した方法ですが、紙に書いたＩＤやパスワードの上に白い修正テープを貼り、その上からさらにセロテープを貼るというやり方です。

修正テープは文字が透けて見えないものを選ぶようにしましょう。

こうしておけば安全策としては万全。家族に対しては書き留めた紙を見せて「セロテープをはがしたら中身を見ることができるからね！」と伝えておきましょう。

お金に関連の深いデジタル情報

デジタル機器のＩＤ・パスワードを書き留めて安全策をとったあとは、さまざまなデジタル情報のＩＤ・パスワードのリストを作成していきます。デジタル情報としては大別すると次のものがあげられます。

◎クレジットカード
◎電子マネー
◎ネット銀行
◎ネットショップ
◎サブスクリプション

日本では国民1人あたり平均3枚は持っていると言われるクレジットカード。サイトからも使用状況が確認できますし、ネットショップや電子マネーなどの決済手段として登録している人も多いと思います。登録しているカードはすべてリストに反映させましょう。カード会員用サイトへのID・パスワードも記入しておきます（電子マネー以下、すべて同じです）。

SNSのことも忘れずに

現在の日本においてSNSを利用している人はどれ位いると思いますか？　その数はなんと約8300万人。普及率はおよそ82パーセントを占め、いまやSNSを利用していない人のほうが少数派なのです。

SNSにはフェイスブックやツイッター、インスタグラムなどがありますが、こうしたSNSを利用している場合は「店じまい」のことも考えておきましょう。

どういうことかと言うと、自分が亡くなったことをフォロワーに伝え、きちんとお別れを告げる準備を生前にしておくということです。

多くの場合、ＳＮＳは無料なので、そのままアカウントを放置していても経済的な負担はありません。しかし、ネット上では仲が良かった人たちもいるはずです。そういう人たちに何も告げずに「立ち去る」よりも、一言挨拶があったほうがいいと思いませんか？

私自身の例で言えば、ブログやフェイスブックを利用しているのですが、もし自分がこの世から旅立ったときは「最後のメッセージ」をアップするように息子に頼んでいます。最後のメッセージをアップしてもらうためにはアカウントやパスワードが必要なので、それらのデジタル情報ももちろんリストに書き添えています。

2

財産情報を把握することのメリットは大きい！

資産と負債を「見える化」する

デジタル情報の整理が終わると、今度は「財産情報」の整理に取り組んでいきます。財産情報に含まれるのは現金（預貯金）だけではありません。不動産や有価証券、美術品・骨董品など一定の価値のあるものも含めた「資産（動産）」がある一方、債権、そして借金やローンなどのマイナスの財産である「負債」もあります。

この資産と負債を明確に「見える化」することにより、その情報を今後の人生にいろいろと役立てていくことができます。

また、自分にどれだけの財産があるかが分かることで、老後の生活を見直す必要も生じてきます。老後資金がどれくらい必要なのかは人（世帯）によって異なってきますが、おおまかな計算では毎月の収入（年金など）から支出（生活費など）を差し引いて、それが黒字ならひとまず安心ですが、赤字なら資産を取り崩して生活する必要があることになります。

一方で、資産に余裕があることが分かれば、今まで躊躇していた新しいことにチャレンジしてみることもできますよね。このときに役立つのが「やり残しリスト」です！

まずは預貯金口座の整理からスタート！

まず始めたいのは預貯金の整理です。銀行をはじめとする金融機関の口座をすべて書き出していきましょう。

ほとんどの人が複数の金融機関に口座を持っていると思いますが、そのうち実際に使うのは1つか2つではないでしょうか。この際、眠っている通帳を確認して、その口座は解約してスッキリさせましょう。

残すのは日常使っている口座ですが、水道光熱費や携帯電話料金、クレジットカードの利用料金などが、どの口座から引き落とされているのかをチェックし、1つの口座に集約しましょう。

ちなみに眠らせたままの口座を10年間そのままにしておくと、そのお金は「休眠預金」となり、金融機関から預金保険機構に移されてしまいます。

これは「休眠預金等活用法」という法律に基づくもので、2019年から始まった制度です。なお、自分の口座が休眠預金となったあとでも、お金は引き出すことができます。

ただし手続きは煩雑になるので（通帳・印鑑・本人確認書類を持って金融機関に足を運ぶ必要があります）、その点は留意しておいて下さい。

民営化前の郵便貯金の権利が失われる!?

休眠預金に関連して気をつけたいのは「定期性の郵便貯金」です。これらは休眠預金の対象とならず、放置しておくと国庫に納付されます。つまり、お金を引き出す権利を失うということです。

2007年10月1日、日本では郵政民営化がスタートしました。それまで国と日本郵便公社が提供していた郵便事業は民間会社が行うことになったわけです。「ゆうちょ銀行」や「日本郵便」「かんぽ生命保険」がその民間会社になります。

この民営化の前に郵便局に預けていた定期性の貯金（定額郵便貯金・定期郵便貯金・積立郵便貯金）は満期後20年2か月経っても払い戻しをしない場合、そのまま権利が消滅します。これは旧郵便貯金法の規定によるものだそうです。

もし2007年（平成19）9月30日以前に定期性の預金をしていた可能性に心当たりがあれば、すぐにでもチェックしてほしいと思います。

該当する人たちには通知が送られてくるようですが、住所が変わっていたりすると届かない可能性もあります。詳しいことは、ゆうちょ銀行に問い合わせてみて下さい。

使っていないクレジットカードは解約

先ほどの預金口座と同じように、昔作ったものの、その後は眠らせたままのクレジットカードがあるかも知れません。そういうカードはすぐに解約しましょう。

クレジットカードは便利なアイテムですが、その役割を一言であらわすと「借金ツール」になります。お金の支払いを後回しにするためのものですから、最小限の枚数にとどめたほうが健全です。

原則として所有するクレジットカードは2枚にし、それより枚数が多ければ解約することをお勧めします。

クレジットカードのなかには「年会費」が必要なものもあります。まったく使わないのに年会費だけ引き落とされるのは、あまりにもったいないですよね。また、入会時には「年会費無料」とうたっていても、それは初年度だけだったり、一定額以上の利用が必要だったりすることもあるので気をつけたいものです。

クレジットカードは決済手段としては定着しているので1枚も持たないことは現実的ではありませんが、必要以上に持つことはお金をムダに減らしてしまう可能性があることは意識しておきましょう。

なお、クレジットカードの解約は本人が電話連絡するだけで手続きを済ませることができます。担当者と話さなくても、番号のプッシュ操作だけで解約できるところもありますよ。

相続税とも関連してくる財産・不動産

不動産は所有する財産のなかでも高額の資産といえます。それだけに相続税の対象にもなりやすく、また相続争い（争族）の原因になりがちな面があります。

ただし、相続税は相続が発生したときに必ず払うものではありません。

相続税には基礎控除があり、これを超えないぶんには課税されません。その基礎控除額は「３０００万円＋６００万円×法定相続人の数」で導き出されます。

法定相続人が１人の場合は、「３０００万円＋６００万円×１人」ですから、基礎控除額は３６００万円になります。遺産がそれ以上の額になると相続税がかかってくる仕組みです。なお、相続税を課せられる人は相続全体の約9パーセントとのことです。

また、法定相続人が配偶者である場合は「１億６０００万円」または「配偶者の法定相続分相当額」までは無税です。

さて、不動産には次のものがあります。

◎自分用の不動産

戸建て・マンションを含む自宅や別荘など、自身で使用している不動産のことです。相続税との関わりもあるので自身が所有する不動産がどれくらいの価値があるのかも把握しておきましょう。

不動産の評価額として目安となるのが「固定資産税評価額」です。この評価額は固定資産税を算出するためのもので、市町村役場で取得が可能です。ただ、この評価額は現実に売買されている時価の7割程度に設定されているため「調整」は必要です。

◎投資用の不動産

賃貸アパートや賃貸マンション、貸駐車場など「収益を生む」不動産です。こうした不動産に関しては不動産自体の評価額、月々にどれくらいの収益を生んでいるか、ローンの返済が残っているか、さらに管理費など、月々の支出についても明らかにしておきましょう。

収益物件を持つ人の場合、相続税が関わってくる可能性も高くなるので、あらかじめの対策を考えておいたほうがいいでしょう。

現状を把握して投資の方針を考え直す

株式投資や投資信託、先物取引、ＦＸ（外国為替証拠金取引）などによる投資を行っている場合は、口座を開設している会社の名前や支店名、口座番号、取引に必要なパスワード・暗証番号などを書き出しておきます。

また、保有している有価証券の内容もまとめておきましょう。株式なら保有している銘柄と枚数、購入時の株価と現在の株価、配当金、株主優待などを明記しておきます。現在、投資はオンライン取引が主流になっているためデジタル情報として扱っている人も多いかも知れません。いずれにしても投資情報を客観的に見つめる意味でも情報の整理は必要です。

情報を改めて確認することで投資の方針を変える必要に気づくこともあるでしょう。

お金の貸し借りもしっかり「見える化」する

◎借金と相続

「金を貸せば、金も友も失う」とはシェイクスピアの言葉だそうです。友人間に限らず個人同士でお金の貸し借りをするケースはさほど多くはないかも知れません。あったとしても、少額の場合がほとんどかもしれません。

とは言え、なかには借用書を作成するくらいの貸し借りをしている人もいることでしょう。もしあなたがお金を貸しているとしたら、その情報も書き出しておきましょう。お金を貸した相手の氏名・連絡先・貸した金額・貸した日・返済期日・貸した理由などです。

その逆に、あなたが誰かからお金を借りていたら、それも書き出します。この場合、個人から借りているお金もそうですが、金融機関や消費者金融などからの借金も「見える化」しておくことが大切です。

借金と相続の関係ですが、借金も資産と同じように相続人に引き継がれていきます。資産のほうが負債よりも多ければまだしもですが、もし借金のほうが多いとなると、それを返済するのは相続人たちです。相続人は配偶者や子どもたちがほとんどなので、遺族に借金を押しつけることになります。そんな事態を望む人はいないでしょう。

◎相続放棄と限定承認

借金のほうが多い、この場合は相続人には「相続放棄」という手段があります。資産も負債も引っくるめて相続は一切しないという選択です。相続放棄をする際には、「自己のために相続の開始があったことを知ったとき」から3カ月以内に家庭裁判所に申し立てを行う必要があります。

資産と負債のどちらが多いか分からないケースもあることでしょう。そうした場合に備えて用意されているのが「限定承認」という手段です。これは限定的に相続をしておくというもので、その後の遺産内容を調べてみて差し引きプラスであればそのまま遺産を引き継げます。例えば、資産が１０００万円で借金が９００万円なら、差し引き１００万円を相続として受け取ることになります。

では、差し引きでマイナスだったらどうなるのでしょう?

この場合、プラスの資産の範囲で借金を返せばいいということになります。資産が１０００万円で借金が１１００万円なら、その資産１０００万円を返済に当てれば、それで済みます。通常の相続なら（単純承認と言います）差し引きマイナス１００万円も相続人が払わなければならないので、その意味でもメリットの大きい仕組みと言えるでしょう。

デジタル・財産情報は「万が一ファイル」に収納

以上のようにしてまとめたデジタル情報や財産情報は見やすいように一覧にしてコピーを取っておきます（写真にしてプリントアウトしてもＯＫ）。そしてその一覧表を「万が一ファイル」に収納しておきましょう。

万が一ファイルとはその名の通り、あなたに万が一のことがあったらすぐに役立つ情報をまとめて入れてあるファイルです。あなたが倒れたときや亡くなってしまったときに家族がとらなければならない手続きをスムーズに進めるための情報をまとめておきます。

デジタル・財産情報のほかにも、例えば緊急時の連絡先や葬儀に関する情報（後述します）

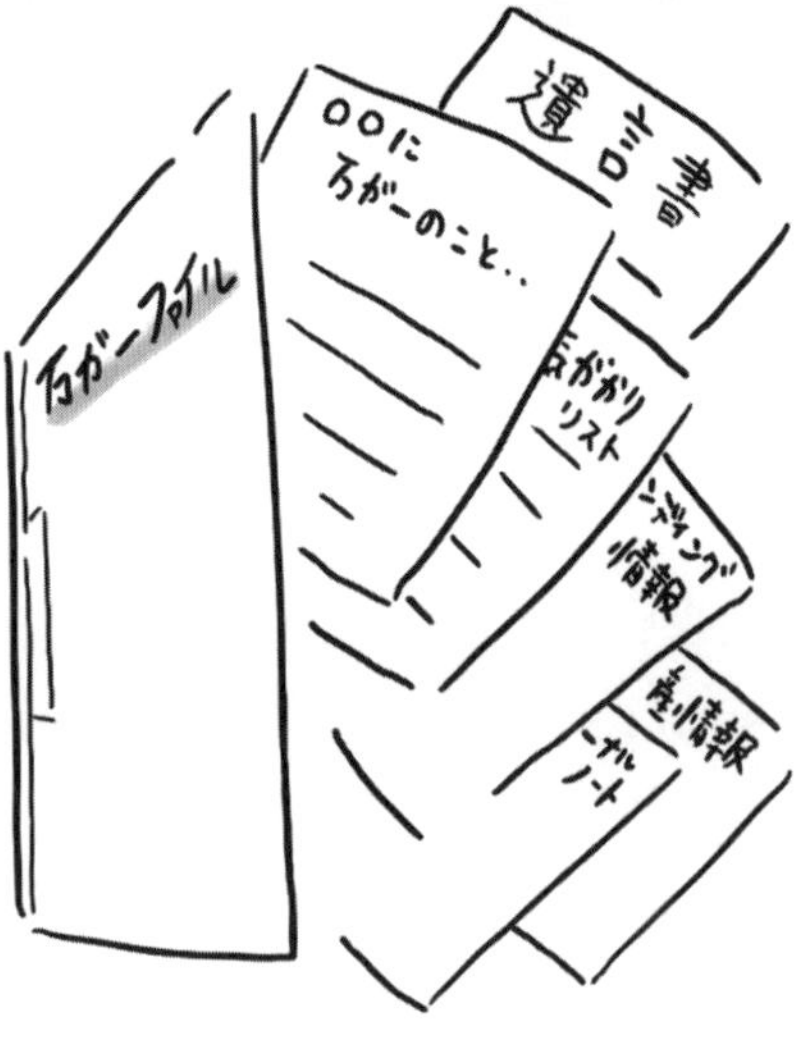

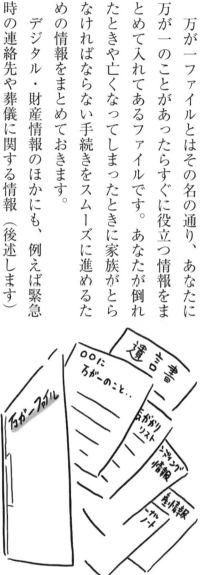

などもあわせてファイルしておきましょう。

支出が収入を上まわらないようにお金の流れをコントロールする

さて、財産情報を整理したところで、今度は現在のお金の流れについても把握できるように見える化しておきます。具体的には、月々に入ってくるお金（収入）と出ていくお金（支出）のことです。家計簿をつけている人にとっては、お馴染みのものですね。

◎収入

給料や不動産収入、年金や投資の配当金等、毎月手にすることが出来るお金です。また、臨時で得るお金もあることでしょう。例えば、物の片づけで「手放す」とした不用品をエステートセールやメルカリなどで売った場合もこれにあたります。定期的な収入に加え、不定期収入・臨時収入もカウントしておきます。

◎支出

収入に比べて支出は種類も多くなります。毎月出ていくお金としては、水道光熱費・電話代・食費・社会保険料・新聞購読費などがあげられます。

そのほか、習いごとや健康食品を毎月定期購入している人もいるかも知れません。そうした費用も支出として書き出していきます。

こうして収入と支出を「見える化」すると、全体的なお金の流れを把握することができます。

収入よりも支出が多い場合にとるべき手段は二つあります。一つは収入を増やすこと。もう一つは支出を減らすことです。

無駄な支出が減れば、自由になるお金が増えます。それを活かして「やり残しリスト」に取り組むのもいいですし、今後に備えて預金・投資にまわすのもいいでしょう。

3 相続争いを防ぐ知恵と知識

相続争いは決して他人事ではない

相続税を実際に納付する人の数は全体の約9パーセントということでした。残る91パーセントの人は「相続税とは無縁だから相続争いも起こらない」と考えがちですが、現実はそうでもないようです。

ある統計によると、相続争いの調停・審判のうち、およそ30パーセントが遺産額1000万円以下の家庭で起きているとのこと。相続争いは決して特別なものではないことを認識しておきましょう。

それまで仲の良かった兄弟姉妹が相続をきっかけに険悪な仲になるケースは、それこそ星の数ほどたくさんあるのです。あなたの相続人も決して例外ではないと思って下さい。

◎遺産分割協議

相続には基本的なルールがあり、それは「遺言書がある場合は、その内容通りに遺産を分ける。遺言書がない場合は、法定相続人が話し合って分け方を決める」というものです。

この話し合いのことを「遺産分割協議」と言います。

この遺産分割協議には、法定相続人全員が参加する必要があり、1人でも欠けると話し合いの結果は無効になります。実際問題として大変な労力がかかります。さらに、全員が参加して遺産の分け方を話し合うわけですが、争いが起こるのはこのタイミングです。

相続人のなかに少しでも自分有利にことを運ぶようとする人がいれば、揉める原因になるわけです。相続争いを防ぐ対策をあらかじめ打っておいたほうがいいことがお分かりだと思います。具体的な対策は次の通りです。

対策①遺言書を作成しておく

相続争いを防ぐ最も有効な手段は、ズバリ「遺言書」です。

相続の基本ルールは「遺言書がある場合は、その内容通りに遺産を分ける」なので、法定相続人による話し合い（遺産分割協議）を行う必要はありません。遺言書の内容にいくら不満があったとしても「基本的には」その内容に従わなければならないのです。

ここで「基本的には」と強調したのには理由があります。実は、遺言書には、厳格なルールがあり、そのルールを守っていない遺言書は、無効とされるケースがあるからです。

相続争いを避けるために作成した遺言書が巡り巡って相続争いの要因になるというのは本末転倒です。そんな事態を招かないためにも、遺言書はルールにのっとって作成しましょう！

対策②遺言書には自筆証書遺言と公正証書遺言がある

遺言書には大きく「自筆証書遺言」と「公正証書遺言」があります。（他にも「秘密証書遺言」「危急時遺言」というものもありますが、レアケースなのでここではふれません）。

◎自筆証書遺言

その名の通り自筆で作成する遺言書です。紙とペンがあれば思い立ったその日に作成することができます。また何度書き換えても構わないという気安さもあります。

自筆証書遺言は、ルールを守って作成します。

詳細は、相続関連の書籍をお読みくだされればよく分かります。

◎公正証書遺言

公証役場という公的機関で公証人という法律のプロの手を借りて作成する遺言書です。専門家がサポートしてくれるため、遺言書に必要なルールにのっとって作成できる安心感があります。遺言書が無効になる可能性もほとんどありません。

作成した原本は公証役場で保管してくれるため紛失や破棄、改ざんの心配がない点もメリットです。ただしプロの手を借りるわけですから相応の手間とコストはかかります。

自筆証書遺言と公正証書遺言のどちらかを選ぶかは個人の自由であり、それぞれに比較検討をして決めればいいと思います。

私としては自筆証書遺言をお勧めしています。内容を変更したくなったときにすぐ書き直すことができるからです。書き方のルールに不備がないかどうかは士業の先生にチェックしてもらえばいいでしょう。

また、２０２０年からは、「自筆証書遺言書保管制度」という国のサービスも始まりました。これは自筆証書遺言を法務局で預かるというもので、遺言書の紛失のおそれがなくなる・検認が不要・遠くに住む法定相続人も最寄りの法務局で遺言書を閲覧できる（相続開始後に閲覧できるのはモニター画像）などのさまざまなメリットがあります。こうしたサービスを利用するのも有効でしょう。

付言事項で家族にあたたかいメッセージを

遺言書は法的拘束力を持つ文書なので、書き方には厳しいルールがあります。ただ、なかには「家族への最後のメッセージが法的文書というのもなんだか味気ない……」と思う人も少なくないはずです。そういうときのために用意されているのが「付言事項」です。いくつか例を出してみます。

「私は素晴らしい旦那さんと子どもたちに囲まれ、幸せな毎日を過ごしてきたと心から思っています。本当にありがとう。私がいなくなっても、ずっと仲のいい家族でいて下さい」

「長男の太郎のお嫁さん・花子さんは、私の介護を懸命にしてくれました。そのおかげでとても穏やかな老後を過ごせたと感謝しています。そこで、私の遺産の一部を花子さんにも受け取ってもらうことにしました。次男の二郎もそのことについて理解してくれると信じています。くれぐれも相続のことで揉めないでね。みんな、いままでありがとう」

旅立つ側も見送る側も微笑みを浮かべているシーンをイメージしながらどんなメッセージがふさわしいかを考えてみて下さい。

4

笑顔で旅立つための準備を始めよう！

「つひにゆく道とはかねて聞きしかど…」

平安時代の歌人に在原業平という人がいます。六歌仙の１人にも数えられるほどの和歌の名人ですが、この業平に「つひにゆく道とはかねて聞きしかど昨日今日とは思はざりしに」という歌があります。「つひにゆく道」とは死出の旅路のこと。「いつかは死ぬとは思っていたけれど、昨日今日の突然のこととは思わなかった」という意味の歌です。

誰もが死というものは遠くにあると思いたいもの。でも、死は決して遠い存在ではありません。誰に対しても等しく訪れ、ときにそれは唐突にやって来ます。

だからこそ、目をそらさずに意識したほうがいいのです。なぜなら、そのことで残された時間を有意義に使おうとする意欲が生まれるからです。

限られた時間を無駄に使うのと、少しでも人生の輝きを増すために使うのと、どちらがいいでしょう？　答はおのずから明らかですね。人生をより輝かせるために時間を使いたいものです。

ゴールを意識することで、人生の残りの時間の尊さに気づく。

そして、その時間を有意義に使うためのアクションを起こす。

それができる人としない人の間には大きな差が生じるのです。

エンディング情報を整理していこう

残された時間をより輝きに満ちたものにするために、手をつけてほしいのが「エンディング情報」の整理です。エンディング情報とは「人生のゴールに向かって力強い足取りで進むための情報」です。

具体的には、3つの要素から構成されています。それぞれ説明していきましょう。

◎生きているうちにするべきこと

第3章で「やり残しリスト」を作りましたが、これを使います。リストに書き記した項目一つひとつをクリアしていくのです。「行きたかったけど、行けなかった場所」があれば、旅行プランを立てて実際に行ってみましょう！　きっと素晴らしい感動が待っています。

「和解したいけど、できなかった人（謝りたい人）」がいれば、思い切って連絡を取ってみましょう！　例え和解ができなくても「あのときはごめんね」と謝るだけでも気持ちはすっきりとするものです。自分の非を素直に認めることは、心を浄化する働きもあるんです。

「やりたかったけど、できなかったこと」があれば、ぜひチャレンジしましょう！　人は何歳になっても成長することができます。いくつになっても新しい自分に出会えるなんて、これ以上ワクワクすることはないと思いませんか？

◎旅立ちに関して決めておくこと

旅立ちとは葬儀のこと。あなたが亡くなったとき、どんな葬儀をあげてほしいのかを決めておきます。そのことで家族はスムーズに葬儀ができるようになり、バタバタと慌ただしいだけの葬儀にならずに済みます（葬儀についてはまた改めてふれることにします）。

◎旅立ったあとに希望すること

あなたが旅立ったあと、家族にどうなって欲しいかという思いを整理します。

「兄弟としての絆を大切に、互いに力を合わせながら幸せに生きていってほしい」「子どもたちをしっかり育てて、世の中に役立つ人間になってくれたら嬉しいです」など、メッセージやエールとしてまとめておきましょう。これは遺言書の付言事項としても使うことができます。

エンディング情報を整理すると、1分1秒も無駄にしたくないという気持ちが芽生えてきます。自分にとっての理想のゴールが見え、そこまでの道のりも明確になるので「道草なんかしてられない！」という前向きな意欲が出てくるわけですね。

そうした、人生に対する前向きな意欲を生み出すことが生前整理を行う本質的な意義なのです！

自分の葬儀をプロデュースする

エンディング情報の構成要素の１つ「旅立ちに関して決めておくこと」の続きです。あなたは自分の葬儀をどのようなものにしたいですか？

私が特に意識してほしいと思うのは「この人はステキな人生を送ったんだな」と参列した皆さんに感じ取ってもらえる葬儀にすることだと思います。

「終わりよければすべてよし」という言葉もあるように、人生の最後の締めくくりはその人らしさが伝わるものであってほしいと思います。

葬儀というのは「人生の通知表」みたいなものではないでしょうか？

人生に対する評価は、まさに通知表です。葬儀が行われる際は必ず故人のプロフィールが語られます。

参列者のなかには親しい人もいますし、なにより家族が列席しています。その人たちに向けて「私の人生ってこんなにステキな人生でしたありがとう」と伝えて欲しいなぁ～と思います。

もちろん美辞麗句を連ねて自分の人生をデコレーションする必要はありませんが、あなたらしさが素直に伝わるプロフィールを考えてみましょう。

葬儀の準備は次の3つのステップで進めます

①葬儀の内容を考える

・費用を幾ら位にするのかを決めましょう。

葬儀を行う場所によっても費用は違ってきます。葬儀会場としては斎場（公営・民間）や寺院、教会、集会場、自宅などがあげられます。

・葬儀に誰を呼ぶのかも決めておきましょう。

親戚・友人・知人をリスト化しておくと家族が助かります。

・エターナルフォト（遺影）に使う写真も決めておきます。また、葬儀会場で流すBGMを決めておくのもあなたらしさが伝わる演出となります。

・喪主を誰にするのかということも決めておきたいものです。

喪主とは葬儀全般を取り仕切る立場の人で、一般的には故人の配偶者が務めるケースが大半です。配偶者ではなくても「この人にお願いしたい」という人がいれば、あらかじめ指名しておくこともできます（ただし強制力はありません）。
・先祖代々の墓がある菩提寺の連絡先も分かるようにしておきます。
宗派によって葬儀の進め方も違ってくるので、どこの宗派かも明確にしておきましょう。

②比較検討して葬儀社を決める

葬儀全体の進行管理をしてくれる葬儀社もしっかり決めておきます。いきなり1社に決めるのではなく、複数の葬儀社それぞれを比較検討したのちに決めるようにすると安心感も増します。最低でも3社は見学したいものです。
相談会を開いている葬儀社もたくさんあります。葬儀の接客態度などを自分でチェックすることも必要です。

また、費用の面でも念入りな確認を怠らないようにしたいものです。総額の見積もりを出してもらい、返礼品（会葬御礼・香典返し）や料理（通夜ぶるまい・精進落とし）の質もチェック。追加料金の請求がないかどうかも確かめておきます。

一つひとつの質問に丁寧に応じてくれる葬儀社は安心できると言っていいでしょう。

③棺に入れる物を決める

棺には故人の思い出の品を入れることができます。棺に入れる品のことを「副葬品」と言いますが、これも生前に決めておきましょう。家族の写真、大好物の食べ物、お気に入りの服、愛読書、お花などさまざまに入れることができます。

ただし、何を入れてもいいというわけでもなく、火葬したときに遺骨にダメージを与えたり、危険な状態につながりかねないメガネやライターなどは禁じられています。

お墓のことも考えて決めておく

葬儀後のお墓と供養（法要）についても決めておきましょう。

代々続く実家（配偶者の実家も含む）のお墓や、すでに自分たちのお墓があれば大丈夫ですが、そうでない場合は新たにお墓を作ることも考えられます。ただし、一般的には100万円以上かかるとされているので、それなりの出費を覚悟しなければなりません。

お墓を建てる場所としては「公営墓地」「民営霊園」「寺院墓地」等が代表的です。維持費に関しても事前に調べておくことが必要です。

また、お墓に入らない（建てない）という選択肢もあります。遺族にお墓の管理の負担をかけたくないという思いもあると言えます。

お墓に入らない場合は海や山、宇宙などに遺骨を撒く「散骨」、樹木を墓石代わりとする「樹木葬」があります。また、骨壺に入れて自宅で保管するという方法もあります。よく考えて決めていきましょう。

その他留意すること

①お墓がどこにあるのかも分かるようにしておく

例えば、広大な霊園であった場合、特定の墓を見つけるのは至難の業。「やっと見つけた！」と思って手を合わせていたら、ただ苗字が同じだけだったということも（○○家の墓というように）。そんな笑うに笑えない話もあるのです。

また、墓石には「戒名」を彫るケースもあります。戒名というのは故人が安らかに極楽浄土に行けるためにお坊さんがつけてくれる名前。本名とは異なるため、墓石に彫った場合はなおさら分かりにくいということがあります。

この場合もやはり墓所を明らかにするための手がかりは欠かせません。具体的には、お墓の写真を撮っておくことを推奨しています。

②法要をいつまで続けるか決める

仏様や菩薩様への供養は「仏教供養」と言いますが、祖先や故人など死者に対して行うものは「追善供養」と呼ばれます。この供養の１つのかたちが「法要」です。法要とはお坊さんにお経をあげてもらう儀式で、大きく「忌日法要」と「年忌法要」とがあります。

忌日法要は命日から７日ごとに行うもので「初七日」や「四十九日」がこれに当たります。年忌法要は定められた年の命日に執り行うもの。「一周忌」「三回忌」「七回忌」などがこれに当たります。

この他にも、新しくお墓を建てたときや仏壇・位牌を購入した際に行う「開眼法要」、遺骨をお墓に納める際に行う「納骨法要」などがあります。

あなたが亡くなったあとは多くの事務手続きがある

次に掲げるのは、人が亡くなったときに必要となってくる事務手続きです。

あなたが亡くなった場合、遺族の方たちが進めていくことになります。その手間を少しでも減らしてあげるためにも、生前に済ませておける手続きは完了させておきましょう。

本文の「おわりに」の後の巻末に情報整理のシートが付いています。これを参考に書き出していきましょう。

情報整理シートは以下のＱＲコードからもダウンロードができます。

QRコード

↓

第5章

生前整理アドバイザーが担当した実際の「生前整理物語」

私が「生前整理普及協会」を設立した理由

2013年5月、私は『物と心をスッキリ身軽に！　生前整理で幸せな老いじたく』（PHP研究所刊）という本を出版させていただきました。もう10年以上前のことになりますが、じつはこの本、今でも重版されて販売していただいています（2023年現在で14刷までいっています）。

今の時代において10年以上も売れ続けている本は珍しいようです。そこで、なぜこの本が今も読まれ続けているのかということを考えてみました。

その理由として、**「生前整理をポジティブにとらえる」**きっかけを提供することに貢献出来たからかもしれません。従来は、生前整理といえば、ネガティブなイメージが強かったのです。第2章で述べたように「死」や「終」の語句が影響していると思います。

私がこの本でお伝えしたかったのは「その人らしく幸せに生きることのできる生前整理」でした。ネガティブなイメージを180度変えてポジティブなものとして扱いました。

このアプローチは当初予想していた以上に大きな反響を呼びました。それを受けて設立を決意したのが、**一般社団法人「生前整理普及協会」**です。本が出版されてから2か月後の7月のことでした。

協会設立の趣旨は**「生きることを前提に、物・心・情報を整理することで、幸せなエンディングを迎える」**です。まさに、今回本書のなかでこれまで述べてきたことです。

生前整理普及協会では、生前整理の知識を正確に取得できる認定講座を開催しており、「生前整理アドバイザー」の育成に取り組んでいます。

生前整理アドバイザーの資格は2級・準1級・1級があり、さらに生前整理アドバイザーを育成する資格も2級認定指導員・準1級認定指導員・1級（写真整理）認定指導員も制定しています。

このほかにも生前整理相談士・生前整理認定作業士・生前整理診断士・生前整理エステートセール・生前相続アドバイザーなどの資格も制定し、多彩な面から生前整理の普及・啓蒙活動を展開しています。

これ等すべての資格のスタート地点となるのが生前整理アドバイザー2級講座です。

2023年4月現在、その人数は全国で5000人を超えるまでになっています。

さて、この第5章で紹介するのは、生前整理アドバイザーの資格を取得し、同時に自身の専門分野を活かしながら活躍しているエキスパートたちが実際に体験した物語です。

生前整理の現場から生まれた感動のストーリーをご本人から語ってもらうことにします。

登場するのは以下の4人の方たちです。私がそれぞれの方の簡単なプロフィール紹介をしています。

○三浦靖広さん
（株式会社プロバイド代表取締役／生前整理診断士・生前整理作業士・生前整理相談士認定指導員）

○堀川一真さん
（株式会社ポジティブシンキング代表取締役／エステートセール認定指導員／生前整理診断士）

○浅川純子さん
（一般社団法人写真整理協会代表理事／株式会社ＭＩＣＴ代表取締役／写真整理アドバイザー／生前整理診断士）

○青木克博さん
（青木行政書士事務所代表／株式会社スタートアップ経営代表取締役／相続手続き支援センター福井センター長／生前相続アドバイザー認定指導員）

片づけ・介護・葬儀・相続の困りごとをワンストップで解決

三浦靖広さん

【大津たまみから一言】

――生前整理普及協会が認定している資格の1つに「生前整理診断士」があります。この生前整理診断士とは、片づけ・介護・葬儀・相続などで困っている人たちの悩みを、物・心・情報の観点から総合的にアドバイスをするスキル・知識を有したプロフェッショナルです。

最初に登場してもらう三浦靖広さんはその生前整理診断士として活躍している方です。この片づけ・介護・葬儀・相続に対して、ワンストップで対応できる専門家は少なく、三浦さんには全国から問い合わせや依頼が寄せられます。さらに、三浦さんはお客様ご自身のお宅に赴いて生前整理作業のお手伝いをする「生前整理認定作業士」でもあるので全国を飛び回っています。

三浦さんが生前整理に興味を持つきっかけとなったのは30歳のときだったそうです。親戚の方の死を通してエンディングノートのことを知り、実際に自分でも書いてみようとしたところ、思いを記すことの難しさに断念。

その後、相続診断士の活動の一環としてエンディングノートの活用があることを知り、その資格を取得。エンディングノートをさらに書きやすくした「えるファイル」を考案し、その普及にも努めています。その豊富な現場経験からとっておきのエピソードを語ってもらうことにしましょう。――

「目の前にいる人は大切な人」。だから真正面から向き合う

私は名古屋で「生前整理の窓口」として株式会社プロバイドを立ち上げ、多くの相談者から寄せられる困りごとの解決に取り組んでいます。

「生前整理の窓口」で手がけていることは次の４つです。

◎生前整理／物の整理（生前・遺品の整理）・心の整理・情報の整理
◎介護支援／介護を受ける方の支援・すでに介護を受けている方の環境改善支援
◎葬儀支援／生前に葬儀を考える支援・墓じまい等の支援・法要、散骨、樹木葬支援
◎相続支援／争わないための対策・相続税対策・遺言書作成支援

いずれの取り組みも人生において誰もが直面する問題であり、それだけに悩みや不安、心配ごとも多いと言えます。そうした人たちの話に耳を傾け、問題の解決に導くのが私たちの役割ということになります。

相談者を前にするときの私の姿勢は一貫しています。それは、「目の前にいる人は自分にとって大切な人」というスタンスで接するということです。

大切な人が目の前で困っているとき、平気な顔で見過ごすことができる人間はいません。すぐに手を差し伸べて、1分1秒でも早く困りごとを解決したいと思うのが自然の行いです。そうしたシンプルな思いこそ強い力を発揮すると私は考えています。

利益になる・ならないという業者的な発想で相談者に対応するのではなく、1人の

人間として、大切な人と考えて真正面から向き合う。心に寄り添っていく。そうした信念を持ちながら私は日々の業務に取り組んでいます。

ここでは、これまで私が真正面から向き合ってきたお客様のなかから1つの事例をお話することにしましょう。

父親の期待を一身に受けていた息子がまさかの行方不明

これからお話するのは、約30年間にわたって疎遠だったお父さんと息子さんが再会を果たす物語です。

あるとき、1人の女性が「生前整理の窓口」を訪れて相談を持ちかけてきました。ここではGさんとしておきます。

名古屋に住むGさんのお父さんは病気をわずらい、医師から半年の余命宣告を受けていました。Gさんは「父にいい人生だったと思ってもらいたいんです」とのことで、そのためには長年抱えている問題を解決しなければならないと私に告げました。

「じつは私には弟が1人いるのですが、もう30年以上も音信不通なんです。原因は父から勘当されたからなんですが、何とか探し出して父の病気のことを伝えたいと思っています。そしてできれば、2人には仲直りしてもらいたいんです……」

父と弟を和解させたい、そのことで父は悔いのない人生だったと思えるはず。それがGさんの考えでした。

そもそもなぜ2人は不仲になってしまったのでしょうか？　話は30年以上前に遡ります。当時、息子さんは東京の某有名私大に合格したのですが、そのことを何よりも喜んだのは当のお父さんでした。

その大学は、お父さんがかつて進学したいと思いながらも果たせなかった学校。我が子が代わりに夢を叶えてくれたということで大変喜んだわけです。

名古屋と東京ですから自宅から通えるはずもなく、息子さんは都内で下宿生活を始めました。学費に加えて下宿代、生活費とお父さんは息子さんのために経済的な支援を惜しみませんでした。息子さんもその期待に応えようと勉学に励み、長期の休みが来るたびに帰省をして大学の話をして聞かせるのでした。お父さんはその話に耳を傾け、満足そうな表情を浮かべていたと言います。

ところが、この息子さんが3年生になったときに異変が生じました。

それまで休みになるたびに帰省していた息子さんが帰って来なくなったのです。ゴールデンウィークも夏休みも連絡ひとつよこしません。心配していた家族の前に息子さんが現れたのは冬になってから。年の瀬も押し詰まった12月のことだったそうです。

「どうしたんだ、連絡もせずに。心配するだろう」

というお父さんに息子さんは衝撃の事実を告げました。

「僕は大学を辞めました」

それを聞いたお父さんは、あまりのことに激怒。とっさに口をついて出た言葉が「出て行け！」でした。そして息子さんは頭を小さく下げたあと、そのまま家を出て行ったそうです。

その後、家族が東京の下宿を訪ねたところ、すでに部屋は引き払っていました。大学の友人や知人に尋ねても消息はつかめなくなっていました。そして30年が過ぎ去ったということです。

Gさんから以上の話を聞いた私は、まずお父さんに会わせてもらうことにしました。息子さんと再会を果たしたいと思っているのかどうか、その真意を確かめておきたかったからです。

「あいつのことは、死んだものだと思っています」

病室のベッドでお父さんは私にそう言いました。その表情や声の調子から、口ではそうは言うものの、本音のところでは息子さんに再び会いたいと思っていることがひしひしと伝わってきました。親としては当然のことでしょう。私はお父さんに言いました。

「息子さんのこと、探させてもらってもいいでしょうか」

「………」

お父さんがその申し出を拒否することはありませんでした。

無事に30年ぶりの再会を果たした家族

息子さんの所在は調査を始めてから1週間後に分かりました。

「そんなにすぐに見つかるの？」と思う人もいるかも知れませんが、相続関連の業務を手がけている私たちにとってはそんなに難しいことではありません。消息が分からない人が現在どこに住んでいるかを調べるには、戸籍の附票に当たってみるという方法があるのです。

相続が発生したとき、法定相続人が集まって行うのが遺産分割協議です。遺産をどのように分け合うのかについて話し合うわけですが、その場には法定相続人が全員参加しなければならないというルールがあります。

法定相続人がそれぞれどこに住んでいるかが分かっていたり、普段から交流があれば遺産分割協議もスムーズに行えますが、さまざまな事情から音信不通になっている法定相続人がいるケースもあります。

そういうときは本人の戸籍謄本を取り寄せて現在の本籍地を割り出したあと、その本籍の市区町村で戸籍の附票を取れば現住所が分かるのです。それでも見つからないケースもありますが、息子さんの場合はすぐに判明したというわけです。

息子さんが住んでいたのは岡山県でした。私はすぐに新幹線で岡山へ向かいました。実際時刻はすでに午後をまわっていて、当日中に帰ることはできないと覚悟しました。実際に息子さんに会ったとして、そこから長丁場が始まるだろう……と思っていたのです。

もし息子さんが「いまさらおめおめと帰れませんよ」と言い出したら説得するつも

りでした。「二度と帰るつもりはない」と突っぱねられる可能性もありました。その場合も説得するつもりでした。

やがて岡山に着き、判明した住所を辿っていくと、一戸建ての家が見えてきました。その外観を目にしただけで「ああ、息子さんは幸せに暮らしているんだな」とそんな思いが伝わってくるようなたたずまいの家でした。

息子さんは勤めに出ていると思われるので、その帰りを家の近くで待つことにしました。やがて陽が落ちて、1人の男性が帰ってきました。おそらく息子さんでしょう。私は意を決してドアチャイムを鳴らしました。ドアが開いて顔を出したのは、いま戻ってきたばかりの男性です。私は相手が息子さんであることを確認してから単刀直入に告げました。

「お父さまが余命宣告を受けています。あなたに対して心残りがあるようです。お父さまに会ってくれませんか？」

それに対して息子さんは即答しました。

「いまから行きます」

一瞬の迷いもためらいもありませんでした。まるでこのときが来るのを待ち構えていたかのようなきっぱりとした態度でした。そのまま私は息子さんとともに名古屋へとんぼ返りです。途中、Ｇさんに連絡を入れて息子さんが泊まれるように準備をしてもらうようにお願いしました。

やがて名古屋に着き、お父さんの入院する病院へ直行。30年ぶりの再会がうまくいきますように、と祈るような思いで２人を引き合わせました。

ところが……、２人は互いに直接話そうとせず、私を介して会話をするのでした。

「三浦さん、息子はどこにいたんですか？」

「岡山です。幸せに暮らしているようですよ。そうですよね、息子さん？」

「はい。結婚もして家族もいます。ところで三浦さん、親父は入院して長いんですか？」

「どうなんですかね、お父さん」

「そうですね。どれくらいになるかな」

といった調子です。しかしこれは互いに直接話をしたくないわけではなく、２人とも照れていることが明らかでした。距離感がつかめなかったと言っていいでしょう。

だから私はまったく心配していませんでした。むしろ微笑ましいとさえ思ったほどです。

翌日また改めてお見舞いに来ることにして、私と息子さんは病院を出ました。そしてクルマで自宅へと送っていくことにしました。

Gさんの家が近づいてきたとき、玄関の前に2人の女性が寄り添うように立っている姿がヘッドライトに映し出されました。Gさんとお母さんです。家のなかで待っていられず、外に出て出迎えようとしていたのでした。

そのあと自宅にあがると、食卓にはこれでもかというくらいのご馳走が……。息子さんのために急いで用意したのでしょう。お母さんとお姉さんの愛情が強く伝わってきました。

そして私は、抱き合うようにして再会を喜び合う家族を見ながら家をあとにしました。

1日1日を大切にしながら後悔の少ない人生を

後日談となりますが、このお父さんは幸せな最期を迎えることができました。息子さんとは和解をし、それまでのわだかまりはきれいになくなったのです。息子さんには子どもが2人いて、奥さんとともに何度も岡山から名古屋に見舞いに来てくれるようになりました。

その息子さんの前でお父さんは私にこう言いました。

「ありがとう、三浦さん。あなたのおかげで息子とまた会うことができました。こんなバカ息子だけど、きちんと家庭を築いて、孫までつくってくれていた。こんなにうれしいことはありません。私は自分の財産は妻と娘に遺すつもりでしたが、もし息子が生きていれば、息子にも分けたいと思っていました。それを叶えることができました。本当にありがとう、三浦さん」

お父さんは家族たちに見守られながら最期を迎えました。Gさんの当初の願いどおり「いい人生だった」と思いながら旅立ったのでした。

このGさんの家族のケースでは「ハッピーエンド」を迎えることができましたが、すべての相談者がそうしたゴールに至るわけではありません。私としても関係者全員が笑顔になるように努力はしていますが、やはり最終的には当事者が本気にならなければ……、というケースもあります。

例えばGさんのケースでも、もしお父さんか息子さんのどちらかが意地を張ってしまっていたら、異なる結末を迎えたことでしょう。

私は後悔の少ない人生を生きるには、よく考えて決断をし、その決断に責任を負う姿勢を持つことが必要だと考えています。1日1日をそうした気持ちで過ごすことで人生はより充実したものになるはずです。

しかし、そこでふと悩んだり困ったりすることも出てくるでしょう。そんなときに頼ってもらえる存在でありたいと私自身は思っているのです。

日本におけるエステートセールの第一人者にして開拓者
堀川一真さん

【大津たまみから一言】

―みなさんは「エステートセール」という言葉をご存じでしょうか？　日本ではまだあまり知られていませんが、アメリカやカナダでは誰もが知っている言葉です。故人が遺した家具や道具、趣味のコレクション、美術品など価値のある物を販売するという生前整理の方法の1つです。

その価値を見いだし、適正な販売価格をつけて売り出す専門家が「エステートセラー」。その日本初のエステートセラーとして活躍しているのが堀川一真さんです。

堀川さんは30歳のときに一念発起し、アメリカのオクラホマ州の大学に入学。そこで奥様と出会い、帰国後は奥様のご実家である群馬県のインテリア専門商社で働くようになりました。アンティークの輸入を担当したことから日本とアメリカを往復する日々を過ごし、そのときにエステートセールのことを知ったそうです。

「これは日本にも必要だ！」と考えた堀川さんは日本にエステートセールを根づかせ

るよう取り組みを始めました。

その結果、現在堀川さんのもとには全国からエステートセールの依頼が殺到し、通常であれば処分されていた物や二束三文で買い叩かれていた物が本来の価値を見いだされ、世界へ向けて販売されています。

そう、堀川さんは日本の文化に関心を寄せる外国人が多いとの考えから、エステートセールの販売先として海外に着目。その狙いは当たり、欧米諸国をはじめとする世界各国から注文が舞い込んでいるのです。遺品整理で処分に悩んでいた品々が海外の新たな持ち主のもとで大切にされる……、そのことに遺族の人は大変喜んでいるとのこと。

これもエステートセールの素晴らしいところだと言っていいでしょう。その堀川さんからエステートセールに関するエピソードを話していただきます。―

古い物は買い叩くのではなく本来の価値を見いだす

アメリカに住んでいるときに私がしみじみと実感したことがあります。それは、アメリカには古い物の良さが本来の価値とともに広く共有され、大切に引き継がれている文化が息づいているということでした。

街のあらゆるところにアンティークショップがあり、人びとは日常的にアンティークを買い求めていました。それが私にとってのエステートセールとの出会いだったのです。

ひるがえって日本の現状を見てみると、日本人は新しい物を好みますが、古い物に対してはその価値を見いだそうとすることが少なく、結果として代々受け継がれていくべき物が失われていっている……との印象を強く受けました。

これは、「古い物は二束三文で買い叩く商慣習」が日本に根づいてしまっていたことの影響も考えられます。日本が明治維新を迎えたとき、新政府は四民平等の施策を取り、国民は居住・職業・結婚の自由を得ました。この時代、職業選択の自由を手にして人びとのなかでもっとも人気のあった職業が「質屋」だったという話を聞きます。

なぜ質屋が人気だったのか？　それは持ち込まれた品々を安く買い取り、売るときは高い値段をつけて販売することが許される商売だったからです。つまり、濡れ手に粟で儲かる商売だからこそあこがれる人が多かったというわけです。

この商慣習は残念ながらいまも残っています。例えば、遺品整理で出てきた骨董品を買い取ってもらおうとしたとき、持ち込んだ人（遺族）がその価値に気づいていないと知るや、安い値段で買い取ろうとする業者はまだまだ少なくありません。さすがに業者が全部そうだとは言いませんが、専門家である私から見れば溜息をつきたくなるようなケースは多いのです。

遺品整理で出てきた物ですから、故人が大切にしていた物だということは誰が考えても分かります。それを買い叩くのではなく、本来の価値を見いだして遺族に伝える。処分をするのなら正当な価格で販売し、遺族に還元する。

そんな当たり前のことが行われていない現状に疑問と憤りを抱いたことが、日本にエステートセールを根づかせようと思ったきっかけです。

ただ、日本の場合は「物と心」の結びつきが強く、片づけにともなう「心の整理」が欠かせません。そこで生前整理普及協会の生前整理診断士の資格を取得し、生前整理も含めたサポートも提供することにしました。

世界には日本が大好きな人たちがたくさんいる

実際のエピソードをご紹介する前に、私がエステートセラーとしてどのようにお客様に対応していくのかをお伝えすることにします。

遺品整理や生前整理の依頼を受けると、実際にお客様のもとに訪問し（オンライン対応の場合もあり）、エステートセールについて説明をし、どのような流れで品物を販売していくのかを理解してもらいます。そのあと、エステートセールに出品したい品物を１つひとつ丁寧に査定します。

「この品にはどんな思い出があるんですか？」等とお聞きし、故人の思い出話を引き出しながら進めていくようにしています。

お話の中で大切な思い出がこもっている品物であれば、手元に残しておくようにお勧めすることも珍しくありません。また、価値の高い物に関してもその旨をしっかりお話して「手放さない選択肢もありますよ」とお伝えするようにしています。これはもちろん、悔いの残る遺品整理・生前整理をしてほしくないからです。

遺族の方にはじっくりと考えていただき、「それでも手放します」ということになれば、エステートセールの出品物としてお預かりし、全世界のユーザーに向けてご紹介していくことになります。

お預かりする出品物は1つだけではなく、複数にのぼるケースがほとんどです。ご希望に応じて1品1品に関してどういう来歴があり、どのような価値があるのかといった写真集「アーカイブブック」も作成します。このことによって品物は手放しても思い出は残すことができるわけです。

販売先は全世界。お得意様の多い国としてはアメリカ・カナダ・イギリス・オランダ・フランス・デンマーク・ニュージーランド・ロシア・スペイン・メキシコ・サウスアフリカがあげられます。まさに世界中に日本の古き良き物を求めている人たちが広がっているのです。

希望するジャンルにしても多種多彩。美術品・工芸品・日本人形・家具・着物・楽器・本・地図・茶道具・掛け軸……と、さまざまな物が海を渡って新しい持ち主のもとに届けられます。

イギリスに住むJさんは、ロンドンの街角にあるアンティークショップで日本のこけしを見つけて以来、その魅力のとりことなりコレクターに。彼のコレクションの多くは私がエステートセラーとして提供したものです。

また、イスラエルに住むAさんは鎌倉彫の硯箱を気に入って墨絵を描いています。昭和初期の日本人形を部屋に飾って楽しんでいるのはロシアのCさん。モルドバのAさんは着物をナイトガウンのように粋に着こなしています。

エステートセールを通して提供した海外の人には、その出品物をどのように使っているのかを写真に撮って送ってもらうようにしています。いただいた写真は、出品したお客様にフィードバック。その写真を目にした人すべてが「エステートセールに出して良かった！」と感動とともに感謝されます。

日本では二束三文で買い叩かれていたはずの故人の思い出の品が、海外の人たちから大切に扱ってもらっている。新たな持ち主のもとで、また新しい物語が始まっている……、そのことに深く感動するのです。

埃にまみれていた油絵がまさかの大家の作品

さて、ここからは具体的なエピソードをお話していくことにしましょう。

まずは鎌倉に住むMさんです。Mさんのお祖父さんはかつて満州に行っていたことがあるそうです。そのときに1枚の絵を購入し、日本に持ち帰ってきました。

それから数十年が経ち、その絵は家のなかに眠ったままでした。私にエステートセールの依頼がきたときは、埃まみれなっていました。

Mさん宅に訪れた私はその絵を見て「ん？」と首を傾げました。直観と言うべきでしょうか、この絵には何かある、と感じるところがあったのです。

しかし当のMさんはそんな私を見て一言。

「ああ、その絵ですか。お祖父さんが昔買ったものですけど、誰の作品か分からないんですよ。きっと無名の人だと思うので、それは処分するつもりです」

私は「ちょっと調べさせてもらっていいですか？」と断りを入れ、丹念に調べてみました。すると「矢崎千代二」という明治から昭和にかけて活躍した洋画家の作品であることが判明したのです。

矢崎千代二は横須賀に生まれ、東京美術学校（現在の東京藝術大学美術学部・大学院美術研究科）で黒田清輝に師事。やがてパステル画の大家として知られるようになる人物です。

Mさんの自宅に眠っていた作品はパステル画に移行する前の油絵作品。芸術家として自身の画風を模索していた時代の貴重な作品だということが分かりました。

それを知ったMさん、さすがに処分は思いとどまってくれましたが、「そんなに価値のあるものなら絵が好きな人に大切にしてもらいたい」とエステートセールに出品することにしました。

すぐに買い手はついて、国内の美術コレクターが新たな所有者として引き取ってくれることになりました。日本の美術史におけるちょっとした発見秘話ですが、じつは話はここでは終わりません。

その美術コレクター氏はその後、テレビ番組で鑑定を依頼したのです。すると、驚くほどの値段がつきました。番組に出演していた鑑定士も「本物。矢崎千代二の油絵というのはとても珍しい」と太鼓判を押してくれました。

さらに話は続きます。なんと、この絵はそのあと矢崎千代二の出身地にある横須賀美術館で展示されることになったのです。そのことをMさんに伝えたところ「あの絵が!?　本当ですか……」と大変驚いていました。

もしMさんが私にエステートセールの依頼をしていなかったら、あの絵はどうなっていたことだろう……！　と思います。

ヨーロッパに渡ったお祖父さんの掛け軸

次のエピソードは香川のお客様。Aさんという方からの依頼でエステートセールに出す品物を整理していたところ、書を掛け軸として表装した作品が出て来ました。それぞれ「平常心是道」「仁者壽」と書かれています（前者は禅語で、後者は論語の言葉です）。

非常におおらかで味わいのある筆蹟だったので、私がついつい見入っていると、Aさんいわく「それはお祖父ちゃんが90歳のときに書道展を開いたときの作品です」とのことでした。

Aさんのお祖父さんは書道家ではなく、趣味で書いていたそうです。言ってみれば「素人」です。でも私はこんなに味わいのある作品なのだから、この魅力が分かる人はきっといるに違いないと思ってエステートセールに出品することを強く勧めました。私の提案にAさんのご家族は驚いていましたが、私には確信があったのです。

結果としてどうなったか？　すぐに買い手はつきました。「平常心是道」はドイツのお客様が、そして「仁者壽」はフランスのお客様が購入を決めたのです。

そのことをAさんに伝えたところ、家族中で大騒ぎになったそうです。「お祖父ちゃんの書がフランスとドイツに行ったんだって〜！」と。家族の人たちにとっては驚きもあったでしょうが、それ以上に誇らしさを感じた瞬間だったはずです。

この例からも分かるように、海外の人はプロの作品だろうと素人の作品だろうと「素晴らしい」と思ったものはそのまま素直に評価します。もし日本の骨董商にお祖父さんの掛け軸を見せたとしても相手にされなかったでしょう。その意味でも、エステートセールの可能性を示すエピソードだったと言えます。

ここまでのお話でエステートセールの価値はある程度伝わったと思いますが、日本ではまだまだ認知度が低いことは否定できません。これからも私はエステートセール文化を日本に定着させていくために活動を続けていきたいと考えています。

その一環として、エステートセラーを育成していく講座も開設しました。エステートセラーが増えることで、眠っている数多くの遺品が本来の価値を取り戻すことにつながっていってほしいと心から願っています。

写真整理アドバイザーとして写真本来の役割に光を当てる

浅川純子さん

【大津たまみから一言】

― 次に登場してもらうのは、東京にある一般社団法人「写真整理協会」の代表理事を務める浅川純子さん。同協会では写真整理に関する体系的なノウハウを築き上げ、その普及を目的に活動を行っています。

「写真整理アドバイザー」という資格を制定し、これまで多くの受講者を迎えてきました。その人たちは写真整理のスペシャリストとして全国で活躍しています。

浅川さんは、もともと外資系の大手ＩＴ企業で専門職としてソフトウェア開発を手がけていました。その後、地域密着型のパソコン・スマホ教室の講師を務め、ここでたくさんの人が写真整理に手をこまねいている現実を知って、その整理ノウハウを確立することに取り組むことになりました。それが写真整理協会の設立に結びついています。

一方で、写真アーカイブ事業を手がける株式会社MICTの代表取締役としても活躍。ご自身も写真整理アドバイザーとして個人のお客様に接することが多く、さまざまなエピソードをお持ちです。—

写真は思い出と強く結びついている

「あなたにとって写真とは何ですか?」

そう問いかけたとき、ほとんどの人がこう答えます。

「思い出です」

そう、写真はその多くが思い出と結びついているもの。写真を見返すことで、シャッターを切ったときの情景がよみがえり、心を温かくしてくれます。

そんな大切な存在であるにも関わらず、写真をきちんと整理している人はごくごく少数。大半の人が撮ったら撮りっぱなしで、しかも、見返すことがほとんどないというのが現実でしょう。古いアルバムや紙焼き写真は家の奥に眠ったまま。デジタル写真はスマートフォンやデジタルカメラにデータとして収められたまま。

それに加えてパソコンやSDカード、USBメモリ、クラウド、SNSなどあちらこちらに分散していて整理をするにもどこから手をつけて分からない状態になっているケースが珍しくありません。

では、人はなぜ写真を撮るのでしょう？

それは目の前の光景を残したいからに他なりません。言い方を変えれば、目の前の光景をそのときだけのものとしたくないからシャッターを押すのです。

だから写真とは本来、あとで見返すことを前提として撮られるものなのです。

もちろん、写真のコストが格段に低くなったことから、仕事などのメモや資料代わりに使うケースも増えていますが、基本の部分では写真は思い出を焼き付けるためのもの。でも実際には思い出を残すために撮った写真をあらためて見返す人は驚くほど少ないのです。

撮ったことで満足してしまうのか、あるいは「いつでも見ることができるから」と安心してしまうのか、写真が本来の役割を果たしていないケースがほとんどと言っていいでしょう。

また、いざ見返そうとしても（特にデジタル写真の場合は）データが大量にあり過ぎて、目的の写真に辿り着くまでに一苦労……といったことも原因でしょうか。

写真が本来の役割を果たせておらず、果たそうとしてもすぐに見ることができない。その問題を解決するために必要なことが「写真整理」です。写真をきちんと整理することで「残したい」と思ったシーンにいつでも、そしてすぐに再会できることになります。

私が考える写真整理のゴールは「その人が見やすい環境をつくること」。人によって写真を見やすい環境は異なってきます。スマートフォンで見たい人もいるでしょうし、アルバムにまとめて見たいという人もいます。

1人ひとりにふさわしい環境を実現することで「写真を楽しむ生活」をこの先もずっと続けていってもらえたら……と私は願っています。

写真整理に対する意識調査

私が代表理事を務める一般社団法人写真整理協会では、全国の男女を対象に写真整理に関する意識調査を行ったことがあります。それによると、次のような調査結果が出ました。

○自分の家族写真はデジタルとアナログが混在している。
○自分が子どものころの写真はアナログで、自宅や実家の押し入れや物置きに眠っている。
○親が子どものころの写真はどこに保管されているかわからない。
○多くの人が「自分の家族写真」「自分が子どものころの写真」「親が子どものころの写真」いずれも必要と感じている。
○ほぼ全員が「写真は大切」と思っている。
○自分が子どものころの写真ほど整理されており、自分の家族写真ほど未整理の状態になっている。
○写真整理で困っていることは「写真整理の時間がない」「アルバムや写真が場所を取る」「いろいろなところに散らばっている」だった。

また、意識調査に応えたおよそ9割の人が「昔のアルバムや写真をデータ化したい」と思っていることも分かりました。一方で、半数以上の人がデータを消してしまったという苦い経験があることも判明しています。

私も昔の写真をデータ化することを推奨していますが、その際には複数の管理場所を設けることをお勧めしています。データが消えるのはほんの一瞬。デジタル機器の操作を誤るケースもあれば、機器が壊れるケースもあります。そうしたリスク管理も写真整理には含まれます。

コミュニケーションツールとしての写真

写真の持つ力というのは本当に強く、私がそのことを実感したのはパソコン教室で講師を務めていたときでした。シニアの人たちを生徒さんとして迎えていたのですが、そのうちの何人かから写真整理の相談を受けてカリキュラムに取り入れてみました。するると、驚くようなことが起こったのです。生徒の皆さんからそれぞれの写真を持って来てもらってその整理を進めたところ、写真を中心にして話がおおいに盛り上がっていったのでした。

互いの写真を見ながら「これってどういうときの写真?」「この写真、どこで撮ったの?」「ここ、私も行ったことがあるわ」など、はじめて顔を合わせた生徒さんたちがアッという間に仲良くなっていきました。

それまでは教室でも目立たないようなおとなしい生徒さんが、じつは波瀾万丈の人生を送っていてみんなでビックリしたり（本人はそれほどと思っていなかったことにまた驚きました）、同時代を生きた人たち同士で昔話に花を咲かせたり。互いに互いの理解を深めるコミュニケーションツールとして写真が機能し始めたのです。それは本当に素晴らしい光景でした。

ある生徒さんは「自分以外の人が私の人生に興味を持ってくれるとは思いもしませんでした」と感慨深げに語っていました。写真にはそんな力もあるのです。

でも、せっかくのその力も撮りっぱなし、放置しっぱなしでは、眠ったままになってしまいます。ぜひ写真整理を通して、コミュニケーションツールとしての写真を活用してほしいと思います。

写真を見ることが日常的な行為になったSさん

私が写真整理アドバイザーとして関わったお客様のエピソードを２つご紹介することにしましょう。まず最初は、鎌倉に住む80代の男性のお話です。仮にSさんとしておきます。

Sさんは奥さんに先立たれて一人暮らし。いまでも奥さんのことを愛していて、思い出にひたるために写真の整理がしたいとのご依頼がありました。

奥さんのことが大好きだったので、写真もたくさん撮っています。でも、その保存方法は紙焼き写真のアルバム。重量もあるので気軽にアルバムを取り出してくることもできません。

そこで私はすべての写真をデジタル化することにしました。1枚1枚をスキャンしてデジタルデータにし、バッファロー社から発売されている〈おもいでばこ〉という写真整理専用機器で管理することにしたのです。

この〈おもいでばこ〉は非常に優れたツールで、さまざまな機能を持っていますが、特にユーザーから喜ばれているのは保存した写真をテレビで見ることができるという機能です。テレビは暮らしになじんだ存在ですから日常との親和性も高く、お年寄りの人でもすんなりとなじめるわけですね。

高齢者のなかにはパソコンやスマートフォンの操作は難度が高いという人がたくさ

んいるので、テレビで見ることができるというのは大きな利点となります。Ｓさんも抵抗なく受け入れ、操作もすぐに覚えてくれました。

「浅川さん、ありがとう。あれからいつも妻の写真を見て過ごしているよ。出会った頃の写真から最近の写真までずっとね」

写真整理が済んでしばらくたってから、Ｓさんはうれしそうに顔をほころばせながら私にそう言ってくれました。Ｓさんの日常に写真を見るという新たな行為が加わったのです。

奥さんとの思い出にひたりながら、Ｓさんは幸せな毎日を送っています。

ファミリーヒストリーにふれて家族の絆が深まる

「いまさら母さんの写真を見てもねえ……。私たちには遺さなくてもいいから、母さんのほうで処分しておいてよ」

横須賀に住むＲさんは４人の娘さんを持つお母さん。娘さんたちはすでに成人し、家庭も持っています。Ｒさんが自身の写真の整理を思いたち、娘さんたちにその話をしたところ、返ってきたコメントが冒頭のセリフです。

Rさんから写真整理の相談を受けた私は「本」という形にして写真を活かすことを提案しました。ただ写真を並べるだけではなく、「ファミリーヒストリー」というコンセプトで編集していくことにしました。Rさん自身の人生もそうですが、ご主人と出会って結婚をし、娘さんたちを育て上げた家族の物語も写真を通して伝える内容としました。

その仕上がりにRさんは大変満足してくれたのですが、話はそこで終わりません。その本を見た娘さんたちが「私たちも欲しい！」と言い出したのです。

自分たちにも同じような本をつくってもらいたい、という意味ではありません。お母さんの作った本を自分たちも手元に置いておきたいということでした。「いまさら母さんの写真を見てもねえ……」と言っていた娘さんたちがです。

なぜそうなったのか。その理由は、ファミリーヒストリーにふれることで自分たちがいかに愛され、大切に育てられてきたかを実感したためでした。

写真にはそれだけの説得力があるのです。さらには娘さんたちのお子さん、つまりRさんのお孫さんたちも「欲しい」と言い出したほどでした。

その要望に応えて急きょ「増刷」しましたが、Ｒさんによると「宝物だから毎日見ているって娘たちが言ってました」とのこと。そのことを告げるＲさんの声はとても弾んでいました。

写真整理によって家族の絆が深まったというエピソードです。

私は写真整理アドバイザーとして写真を扱っていますが、もっとも大切にしているのは「人」です。いまの２つのエピソードからも伝わったと思いますが、写真が持つ「人を支えるという大きな役割」に焦点を当て、その結果として１人ひとりの人にイキイキとした人生を過ごしていってほしいと願っています。これからも、そうした活動を続けていきたいというのが私の想いです。

「愛のある相続」の考え方を取り入れながら家族の絆を深める行政書士

青木克博さん

【大津たまみから一言】

―青木克博さんは「相続」を専門とする行政書士。一般的に行政書士の仕事は、その名称にもあるように行政機関に提出する書類の作成や手続き、それらに関連した相談対応といったものになりますが、青木さんはそれだけにとどまらず相続に関する総合的なサービスを手がけています。

遺言書案の作成や遺産分割協議書の作成といった行政書士としての業務はもちろん、相続発生後に必要になってくる登記や税務の申告など、他の士業と連携し、預金口座や株式口座の名義変更、遺品整理、不動産の処分まで含めた対応をワンストップで行っているのです。

相続のときは１００種類以上の手続きが必要となってきますが、そのフルサポートを提供しているわけです。

その青木さんの活動拠点は福井県。相続を専門にしている行政書士事務所としては福井県で唯一だそうです。その福井県から相続争いをなくすことを使命としながら青木さんは日々の業務に取り組んでいます。これまで4000件以上の相談にのってきたという実績を持つ青木さん。そのなかからどんなエピソードをお話してくれるのでしょうか。——

人が亡くなったときの手続きの数は100以上

人が亡くなると、遺族はさまざまな手続きを取っていかなければなりません。例えば死亡届の提出や火葬許可証の受け取り、葬儀の手続き。故人が年金を受け取っていた場合は受給停止の手続きが必要になってきますし、介護保険を使っていた場合は介護保険資格喪失届を出さなければなりません。

もし故人が世帯主だったら住民票の世帯主変更届が必要となってきます（ただし、故人が独り暮らしだったり、その世帯に残る人が1人の場合は不要）。故人が生命保険に加入していた場合は保険金の受け取り手続きもしなければなりませんよね。

こうした手続きは人によっては100種類以上にのぼり、それぞれに期日が設けられていることも少なくありません。また、なかには専門性の高い手続きもあるため、全体的に遺族にとっては大きな負担になるのです。

その負担を少しでも軽減しようと、相続に関する手続きのフルサポートをしているのが私の運営する青木行政書士事務所で、年間450件ほどのご相談を受けています。手続きのなかにはスムーズに進められるものとそうでないものがあります。死亡届に始まる行政への届け出は手続きの流れが整っているのでそれほど苦労はしませんが、問題は故人しか知らない情報を用いて進めなければならない手続きです。

人が亡くなった場合、その人の名義の預金口座からお金が引き出せなくなることは多くの人が知っていることだと思います。これに関しては、どこの金融機関に口座があるのかが分かれば、お金を引き出せるようにする手続きは難しくありません。

問題は遺族に対して故人が口座を持っていることを伝えていなかった場合です。預金通帳のように物理的に存在する物は引き出しの奥に眠っているのを見つけることもできますが、ネット銀行のような場合はそうはいきません。パソコンやスマートフォンを開くにもパスワードが必要で、これが分からないとお手上げです。

遺族の方に故人の金融口座について尋ねると、多くのケースで通帳を出してきますが「本当にこれだけですか？　他にありませんか？」と重ねて聞くと、「たぶんそうだと思いますが……」と自信のなさそうな答が戻ってくるのが常です。

これはつまり、多くの人が自分の金融口座について家族に知らせていなかったことを意味します。そしてそのまま亡くなってしまうのです。

実際に、故人が保存していた郵便物を調べてみたら、遺族の方が知らなかった金融機関からの書類が見つかったケースはいくらでもあります。配当金の支払いの通知書類を見つけて初めて「（故人は）株をやっていたんだ……」と知るパターンも珍しくありません。


こうした資産は相続に関わってきますし、額によっては相続税の課税対象にもなります。そのためすべてを明らかにしていく必要があるのです。

どこの金融機関に口座を持っているか、その一覧表があるだけで手続きはずいぶん楽になります。そういうこともあって、私は「生前整理」の必要性も広く伝えることにしています。現在私は年間およそ80件の講演依頼を受けていますが、そこでも生前整理は大きなテーマとして取りあげることが少なくありません。

「青木先生、ありがとう」の言葉が転機となった

ここで改めて、そもそもなぜ私が相続専門の行政書士になったのかをお話しします。

私が行政書士として活動を始めたのは31歳のときでした。それ以前は会社員として営業の仕事に就いていていました。

しかし正直なところ、あまりやりがいを感じてはいませんでした。その理由は明らかで、お客様が求める商品・サービスを提供していなかったからです。会社に言われるままに動いていたというのが本当のところです。

行政書士になった当初は幅広く依頼を受けていました。その行政書士が扱う書類ですが、1万種類以上あります。こうした書類の提出先としては行政機関があげられますが、その対象も省庁・都道府県庁・市役所・区役所・町村役場・警察署など多岐にわたります。

遺言や相続に関する業務としては遺言書作成時のサポート、相続時の遺産分割協議

書の作成、それらに関連した調査などがあげられます。また、成年後見制度の利用に関する支援も行います。

そのように、当初はさまざまな依頼に対応していたわけですが、あるとき1人の老婦人から相続に関する案件の依頼がありました。相続にともなうさまざまな手続きの代行をお願いしたいということで委任状をいただいて業務を進めていきました。

司法書士の先生や税理士の先生と話し合うこともあり、それまで手がけていた書類作成だけの仕事とはまた異なる面白さを実感したことを覚えています。

その依頼を無事に済ませたあと、老婦人のお客様からとても感謝されました。

「青木先生、ありがとうございました。本当に助かりました。感謝しています」

その言葉に私は胸を打たれました。こんなに喜んでもらえる仕事を自分が成し遂げたこと、人の役に立って感謝されることの喜びに包まれたと言っていいでしょう。老婦人のその言葉ほどうれしいものはありませんでした。

この経験をきっかけに私は「相続の分野を極めよう！」と決意し、他の分野は一切手がけないことにしました。相続専門の行政書士としてやっていくことにしたのです。

このときの体験がなければ、いまの私はないと思っています。その意味でも私はあのときのお客様には心から感謝しています。

相続が無関係の家庭なんて存在しない

ただ、相続専門の行政書士といっても、できることは限られています。先ほどもふれたように、遺言書の作成関連業務や遺産分割協議書の作成などです。これだけでは相続という広大なフィールドをカバーすることはできません。

そこで私は行政書士という枠にとらわれることなく、いろいろな面から相続にアプローチをし、一方で多くの専門家のみなさんと連携を図りながら相続で困っている人たちをサポートしていくことにしました。生前相続アドバイザーの資格を取得したのもその一環です。

私が相続専門の行政書士をしていることを知ると、初対面の人の多くが「うちは相続とは関係ないんですよね」と苦笑いをします。ですが、相続に関係のない家庭は存在しません。

人は相続と聞くと「相続対策」と考え、相続税や遺産を巡っての争いを連想しがちです。しかしこれまでお話してきたように、相続には膨大な数の手続きが必要となってくるため、あらかじめ「対策」をしておく場合とそうでない場合は大きな差が生じます。

遺族には「資産を巡っていがみあう」のではなく、「手続きをめぐって疲弊する」ことをまずは認識してほしいと思います。その疲弊をなくすために、物・心・情報の整理を行う生前整理がとても重要になってくるわけです。

相続は「相（姿・形）」を「続」けると書きます。これは「心を引き継ぐ」ということです。心は「想い」や「考え」という言葉に置き換えてもいいでしょう。故人の心を受け継ぎ、さらに次の世代に引き継いでもらう。私はそんな「心の相続」「愛のある相続」をもっとも重視しながら相続の相談に応じています。

その心の相続とはどういうものなのか、それを示す具体的なエピソードをお伝えすることにしましょう。

長男には財産を遺さず、次男に譲りたいという男性

ある日、1人の男性が私の事務所を訪れました。80代のご老人で「遺言書を作りたい」とのことでした。仮にFさんとしておきましょう。

遺言書を作成するということは法定相続ではなく、特定の人物に財産を多く与えたいということになります。あるいは法定相続人以外の人を対象にしていることも考えられます。

詳しくお話をうかがうと、前者でした。Fさんには2人の息子がいるのですが、長男とどうしてもソリが合わないことから財産はすべて次男に譲りたいとのことでした。そのための遺言書作成というわけです。

「分かりました。では、そのように遺言書を作成していきましょうか」

そう答えるのが一般的ではないかと思います。遺言書をつくりたいというお客様の要望に応えるわけですから、行政書士としては当然の態度です。

もちろん遺言書により全財産を次男に譲ることもできますが、その場合、「遺留分

という制度があり長男は一定の割合で次男から遺産を取り戻す権利を有しますが」というような説明をして遺言書作成をサポートするのが普通の流れです。

しかしこの方は、本当に遺言書を作成したいと考えているようには思えなかったのです。もしかすると、ソリが合わない長男と歩み寄りがしたいのでは……と、そう思えたのです。

そこで私はFさんに提案してみました。

「一度、息子さんと話をさせていただいてもよろしいですか？　これまでの人生を振り返ることで、息子さんも態度が変わるかも知れません」

するとFさんは「青木先生がそう言うなら」と承諾してくれました。やはり内心では長男と和解がしたいようでした。そこで早速、Fさんの長男に会いに行くことにしました。もちろんお父さん（Fさん）が遺言書をつくろうとしているといったことは口にしません。

「お父さんも高齢になってきたので今後のことを心配されています。それに関してどのように考えていますか？」といったアプローチでした。

息子さんもそのことについては気にかかっていたようで、私のことを快く迎え入れてくれました。そして膝を突き合わせて話すうちに、息子さんも息子さんで、お父さんと和解がしたいと思っていることが分かってきました。どうやら親子で互いに意地を張っていたようです。

私たちは生まれたときに親から最大の財産をもらっている

私はこのとき息子さんに、生前相続アドバイザーとして講義をする際に受講生の皆さんに伝えていることを話しました。それは次のような話です。

財産と一口に言っても、いろいろなものがあります。相続に関して言えばお金や不動産、それ以外の動産といったものがすぐに思いつくでしょう。

では、それ以外に財産と言えるものはなんでしょうか？　家族、人脈、仕事のノウハウ、健康……、目には見えないものも含めてさまざまな財産があります。

次に、親からもらった財産は何でしょうか？　それを考えると、多くのことに気づくはずです。親からは愛情を注いでもらった。希望を持つことを教えてもらった。生き方を学ばせてもらった。人としての道徳も教わった。成長をずっと支えてきてもらっていた……。

改めて考えてみれば、生きていく上でとても大切な「財産」をたくさん親から受け取っていたことに気づくのです。

そしてその財産のなかでも最大のものはなんでしょう？　それは「いのち」です。

私たちは親から与えられた命をもとに人生を生きています。命がある限り、自分で自分の人生を歩んでいくことができるのです。

その意味では、私たちはすでにとても大きな財産を受けとっているのです。

生まれた瞬間に、もっとも大切なものをもらっている。お金や土地といったものは、それに付随するものでしかないことに気づくことさえできれば、その部分で争うのはおかしいということが分かるのではないでしょうか？

……というそんな話です。私の話を聞いた息子さんは静かにうなずきました。

「分かりました。少し親父と話してみます」

その結果として２人は歩み寄り、長年のわだかまりが解消しました。もう遺言書も必要ありません。和解によって「遺産は仲良く分けなさい」ということになったので、当然の結果と言えるでしょう。「愛のある相続」が生まれた瞬間でした。

このケースの場合、相続争いは起きていなかったのですが、その予兆はありました。遺言書をつくることがそれに当たります。遺言書があると法的な相続争いは起きません。遺言書の法的拘束力が強いからですが、ただし、感情のしこりは残ります。

もしこのケースで私が行政書士として一般的な対応をしていたらどうなっていたでしょう？

遺言書の作成をお手伝いすることで士業としての報酬を手にすることはできます。しかしその遺言書が執行されたとき（つまりFさんが亡くなったとき）、長男は相続人から外されたことを恨むでしょうし、遺産の大半を相続した次男との関係もぎくしゃくするに違いありません。

Fさん自身にしても長男と和解できずに意趣返しのようなことをしたままこの世を去ることに忸怩たる思いを抱いたことでしょう。誰も幸せになりません。

私はそういう相続はなくなるべきだと思いますし、そのためにはまず家族で相続について話し合う機会をつくることが必要だと考えています。

繰り返しになりますが、相続に関係のない家庭はなく、その意味においても誰もが当事者意識を持ってほしいと願っています。

それが「愛のある相続」「心の相続」につながっていきます。そしてその実現のためにできることがあれば、喜んでお手伝いをしていきたいというのが私の正直な気持ちです。

おわりに

最後まで本書をお読みいただきありがとうございます。

今までの人生は、これからの人生を輝かせるためにあります。いい事も悪い事も一度立ちどまり振り返りながら、これからの生き方を考える時間になれましたら幸いです。

私自身も過去を振り返り、未来を見つめたときに「子育てがひと段落したら再婚する」と決めました。心を許して愛し合えるパートナーを見つけるやり残しがあったからです。

そして、50歳にして理想の男性と再婚をすることが出来ました。

早速、主人と一緒に生前整理をしながら、今は空き家になっている主人の実家の片づけをしていたときに見つけたセピア色の写真がありました。

そこに写っていたのは、朴訥そうな1人の青年。気立てのいい印象を与える顔だちです。

「この人、誰か知ってる？」

主人に写真を見せても「誰だろう?」と首を傾げるばかり。どうしても気になって、ご先祖様を手繰るようになりました。

その後知ることとなった事実は、その写真の青年は義母のお兄さんで、特攻隊に志願して19歳という若さで命を落としているということでした。

特攻、という言葉に驚きました。その意味を知らないわけではありませんでしたが、自分にはまったく関わりのないものとしてとらえていたからです。

主人の母には3人の兄がいて、そのうちの2人は戦争で亡くなっています。実はそのうちの次男のことは、主人も話に聞いたことがあったそうです。海軍の優等生だったそうです。

今回出てきたのは三男の写真。より詳しいことを知るために私たちは鹿児島県にある「知覧特攻平和記念会館」に向かいました。

知覧特攻平和記念会館は特攻隊員の遺品や関係資料を展示している施設。知覧というのは地名で、かつてここには特攻隊員たちが出撃して行った基地がありました。

この施設には特攻隊員たちの情報データベースがあり、それを使って調べてみたところ……、主人の伯父の名が出て来ました。私が見つけたあの写真の青年です。何月何日の何時にどの基地から出撃し（鹿屋基地だったそうです）、どのような最期を迎えたのかという情報が記載されていました。

その生々しい事実にふれて、私は衝撃を受けました。それまで遠い世界の出来事だと思っていた戦争が、急に身近なこととして感じられたからです。いま、自分の隣に立っている主人と血のつながりのある青年が、まさにその青年のまま若い命を空に散らしていった……、その事実に気持ちが落ち着かなくなりました。もし、主人の実家の片づけをしていなかったら、その事実を知ることもなかったかもしれません。

生前整理をしていると、そんな風に1枚の写真から思いもよらない人生のドラマに遭遇することが多々あります。

本書でも何度かふれましたが、生前整理は死の準備ではなく、物・心・情報の整理をすることで、これからの人生をより良く生きていくためのものです。過去を振り返ることで、未来を見つめていきます。確かな足どりで前に進むきっかけになります。

それが生前整理の本質だと私は考えています。

その生前整理をより大きな視野から見つめると、自分の人生に限定されるものではないことに気づかされます。自分の大切な家族やまわりにいる人たち。そのつながりのなかで、互いに影響を与え合いながら人生を歩んでいることを感じるのです。

人生を小さな川の流れとしたら、それらが集まった「大きな流れ」が確かにあると私は思うのです。特攻で亡くなった義叔父の人生を知ったとき、私はその大きな流れをふと身近に感じたのかも知れません。

より良く生きようとすることは、自分のためだけではありません。

私は生前整理普及協会の代表理事として活動する一方で、シングルマザーの子どもたちを支援する非営利団体（リンクリンク）の運営にも関わっています。「子どもファーストの社会」をつくっていくことが私にとって「より良く生きる」ことの1つのテーマともなっているのです。この本から得られる収益も子どもたちのために使わせていただきます。

最後に、全国そして海外にいる生前整理を普及している同志、共に数々の現場を経験してきた仲間たち、本書をこの世に出す機会を与えてくださった作家の志賀内泰弘様、ごま書房新社の池田雅行社長はじめ社員の皆様、全力でサポートしてくださった柚木崎寿久様、いつも温かく見守ってくれている家族・スタッフの皆様に、この場を借りて、心から感謝いたします。ありがとうございます。

本書を読んで「生前整理を始めよう！」と思ったら、ぜひ今日から行動を起こしてほしいというのが私の願いです。

「いつか」を「いま」に変えて下さい。まずは本書で紹介した【情報管理シート】のダウンロードだけでも構いません。小さくても確かな1歩を踏み出しましょう。

もし、途中で助けがほしくなったときは、全国にいる生前整理アドバイザーに声をかけてみて下さい。必ず、あなたの助けになってくれます。

いまよりもっと輝ける、そんな未来へ、ともに歩いて行きましょう！

大津たまみ

本文末　リンク集

● 生前整理普及協会

・ホームページ

・LINE登録

● 情報整理シート

https://tamami.net/sheet/johoseiri.pdf

● 片づけが習慣になる300日無料メルマガ

619s6r@a07.hm-f.jp

● 大津たまみ公式サイト

https://tamami.net/

● 生前整理の窓口

https://provide.nagoya/

◆著者プロフィール

大津 たまみ（おおつ たまみ）

一般社団法人　生前整理普及協会　代表理事
一般社団法人　日本清掃収納協会　会長
株式会社アクションラボ　代表取締役
株式会社アクションパワー　取締役会長
シングルマザー子ども支援団体リンクリンク代表

1970年愛知県生まれ。

シングルマザーで子育てをしながら、5つの組織を立ち上げた女性経営者。

お掃除・お片づけのプロとして30年以上のキャリアを持ち現場経験数は1万件以上。

2006年、お掃除・お片づけ・遺品整理・家事代行の会社、株式会社アクションパワーを設立。その後、遺品整理の数多くの現場経験から、亡くなってからではなく生きている内にやるべきことを伝えなければいけないと強く決意し、一般社団法人　生前整理普及協会を設立。「物・心・情報をすっきり整理し、今よりもっと幸せに生きる！ための「あったかい生前整理」」を、育成した認定指導員と共に日本のみならず海外でも普及している。

年間200本以上の研修や講演のほかに、テレビ・雑誌・ラジオなどで片づけや掃除法やすぐに実践できる生前整理法を伝授している。

主な著書に、『生前整理で幸せな老いじたく』（PHP研究所）『親の家の片づけ方』（あさ出版）があり本書は12冊目の本となる。

写真整理で人生整理

2023年7月29日　初版第1刷発行

著　者	大津 たまみ
発行者	池田 雅行
発行所	株式会社 ごま書房新社 〒167-0051 東京都杉並区荻窪4-32-3 AKオギクボビル201 TEL 03-6910-0481（代） FAX 03-6910-0482
カバーイラスト	（株）オセロ 大谷 治之
DTP	海谷 千加子
印刷・製本	精文堂印刷株式会社

ISBN978-4-341-13280-4 C0030